대한민국 취업 뽀개기

신용한 지음

1,000만 청년 멘토 신용한의

대한민국

취업 뽀개기

현명하게 나랏돈으로 공부하고 일자리까지 얻는 법!

THE NEW PROJECT WILL CREATE NEW JOBS

가디언

준비하는 자만이
미래의 일자리를 선점한다

나는 특강을 하면서 청년들에게 가끔 이런 질문을 던지곤 한다.

"당신의 꿈은 무엇입니까?"

돌아오는 청년의 답이 참으로 의외다.

"제 꿈은 '삼성 취업'입니다."

"그럼 만에 하나 삼성이 망한다면 당신의 꿈도 망하는 것인가요?"

그 청년의 말문이 막힌다.

그렇다. 너나할 것 없이 취업, 일자리를 말하지만 우리 사회는 제대로 된 직업관 교육부터 잘 이루어지지 않고 있다. 그 결과 '직업'과 '직장'의 기초 개념 정립이 안 되어 있어 적성과 진로, 대학 전공 선택의 혼선, 졸업 후 직업 선택, 등 인생의 중요한 선택이 연쇄적으로 흔들리고 있는 실정이다.

사전적 의미로의 '직업'이라 함은 "살아가는 데 필요한 재화(돈)를 획득하기 위해 자신의 '적성'과 '능력'을 고려하여 어떤 일에 일정 기간 이상 종사하는 것"으로 정의된다. 좀 더 세분화해보면, 직(職)은 '사회적 지위'를 의미하고, 업(業)은 '생계를 유지하는 일'을 의미한다. 영어권에서는 직업을 'Job' 혹은 'Occupation', 'calling' 등의 미세한 차이의 의미를 다양하게 사용하고 있지만, 우리의 경우 큰 의미의 구별도 없이 모두 '직업'이라고 통용되고 있다. 심지어는 아르바이트와 직업을 혼동하는 경우도 있다.

현실이 이렇다 보니 직업의 기초 개념과 직업관은 물론 자신이 어떤 직업을 선택하고자 하는지 등에 대한 인식 정립을 도와줄 교육이 절대적으로 필요한 때이다.

산업화 시대의 생산직으로부터 금융자본 시대의 서비스업에 이르기까지 우리 기성세대들이 살아왔던 시대의 일자리는 급격히 줄어들고, 지식과 정보, 모바일이 중심이 된 개인 미디어 소통 시대가 되면서 청년 일자리는 크게 변하고 있다. 특히 4차 산업혁명으로 불리는 빅데이터, 크라우드 서비스, 사물인터넷 시대가 도래하면서 미래 유망산업과 일자리도 빠른 속도로 바뀌고 있는 상황이다.

그러나 대한민국의 현실은 시대의 변화에 적응하고 있는 것처럼 보이지 않는다. 한국고용정보원에서 2004년 대비 2014년에 조사하여 발표한 '선호하는 직업의 인식 변화' 자료에 따르면, 2004년에는 성취, 몸과 마음의 여유, 직업안정성, 지식추구, 인정받음 등이 상위에 있었지만, 취업의 문이 더욱 좁아진 2014년의 경우, 직업 안정성이 최상위를 차지했고 뒤를 이어 몸과 마음의 여유, 성취, 금전적 보상, 인정받음 등으로 순위가 바뀌었다. 즉, 시대의 요구는 변화무쌍한 첨단을 향해 달리지만 청년들은 안정적인 직업을 선호하는 것으로 나타나고 있다. 일자리 구하기가 어려워지고 직업의 안정성은 떨어지다 보니 성취동기는 뒤로 밀리고 현실에 안주하려는 성향이 부각되었다고 해석된다. 이는 청년들을 탓할 문제가 아니다. 변호사, 의사 등 전문직과 국회의원이나 행정 및 경영관리자, 일반 관리자, 고위 임원 등 안정적인 직업을 선호했던 기성세대의 프레임이 투영된 결과이자 4차 산업혁명이 도래한 오늘날에도 여전히 마땅한 대안을 제시하지 못하고 있는 우리들 몫이 크다.

"4차 산업혁명 시대에는 사고 및 의사결정 패러다임의 혁명적인 변화로 인해 점점 더 불평등이 심화될 가능성이 높아 융복합 시대를 준비한 사람만이 성공할 것이다"라는 클라우스 슈밥Klaus Schwab 다보스포럼 회장의 말은 서슬퍼런 칼보다 시리다.

4차 산업혁명 시대의 일자리 트렌드는 인공지능을 설계하고 제어할 핵심기술을 가진 인력으로 재편이 가속화하는 한편, 컴퓨터 연산과 자동화로 대체가 가능한 기능직은 감소할 것이다. 고령화와 저출산으로 의료복지 관련 직업의 고용은 증가할 것이고, 경제성장과 글로벌화에 따른 사회서비스 전문직의 고용도 증가될 것으로 예상된다. 안전 의식이 강화되면서 안전 관련 직종 또한 고용이 증가되고, ICT 기반 기술이 융합된 업무는 늘어날 것으로 예상된다. 이러한 트렌드에 기반하여 대한민국 정부도 우리나라 젊은이들에게 상대적으로 강점 있는 고부가가치 헬스 케어, 핀테크, 크라우드펀딩, 복합 엔터테인먼트 산업 등의 미래 일자리로 전환하고자 많은 노력을 기울이고 있다. 그 예로 고용정보원에서는 미래의 유망 일자리로 다음과 같은 업종을 제시했다. 상품 공간 스토리텔러, 사이버 평판 관리자, 기업 프로파일러, 다문화 코디네이터, 애완동물 행동상담원, CSR 전문 컨설턴트 등이 그것들이다. 이런 사회 문화적 환경 변화를 잘 감지하고 준비하는 자만이 미래 일자리를 선점하게 될 것이라는 점은 자명하다.

산업구조적인 측면의 변화와 더불어 일자리 선택에 있어 중요한 것은 인식의 전환이다. 인식의 전환에는 청년보다 먼저 기성세대의 인식 변화가 더 중요하다. 왜냐하면 모든 세대가 어우러질 수 있는 일자리에 대한 사회문화적인 공감이 필요하기 때문이다.

언제부터인가 우리 청년들은 이미 지식, 정보, 감성, 융합의 새로운 산업 패러다임에 잘 적응이 되어 있다. 특히 모바일을 중심으로 한 개인 미디어에 익숙해 있다 보니 '본질'보다는 '현상'을 '논리'보다는 '직관'에 더 민감하여 자신들의 직업 선택에 있어서도 중요한 기준이 되고 있다. 이는 보기 좋고 맘에 드는 직업은 서로 선택하려고 몰려드는 반면 아무리 연봉이 높고 대우가 좋더라도 첫 인상이 좋지 않거나 직관적으로 마음에 들지 않는 일자리는 멀리하는 경향을 보여준다. 이런 현상을 보면서 기성세대인 부모들은 "아니 세상이 어찌 되려고?"라고 하며 혀를 끌끌 차기도 하지만 미래의 대한민국은 청년들이 선호하는 고부가가치 서비스업 위주로 산업구조가 급속하게 재편할 필요성이 있다는 점을 모르기 때문이다. 흔히 우리 주변에 하루종일 모바일 게임을 하고 있는 아이들을 향해 "제발 게임 좀 그만 해라. 그걸로 밥이 나오냐 떡이 나오냐?"라고 걱정하는 부모들이 많지만 실제로 '밥이 나오고 떡이 나오는 현실'이다. 오히려 대한민국을 먹여 살릴 정도의 새로운 기술로 무장한 기업들이 그들에게서 속속 탄생하고 있는 것이다. 이처럼 시대가 요구하는 괴짜들이 인정받는 시대(Return of Geeks)임을 인정하는 기성세대의 인식 전환과 스스로 괴짜가 되어 도전하는 청년들이 많아질 때 대한민국의 미래가 밝아질 것이다.

모든 세대에 걸친 인식의 대전환과 함께 산업구조, 노동시장구조, 교육구조의 일대 혁신이 일어나 취업과 일자리 걱정 없는 대한민국이 되길 기원한다.

부모님의 주름이 없어지고 청년들의 어깨는 활짝 펴지는 그 길에 이 책《대한민국 취업 뽀개기》가 작은 보탬이라도 되길 소망한다.

2018년 3월

신용한

덧붙이는 말씀

이 책은 본인이 청와대 대통령직속 청년위원장으로 재직하던 2015년 《대한민국 청년 일자리 프로젝트》라는 제목으로 출간한 책에 실린 내용을 일부 수정하고, 그 동안 바뀐 정책을 보완하여 다시 출간했습니다. 정부에서 청년들을 위해 만든 정책은 수시로 변하고 보완되기 때문에 책의 정보가 달라질 수 있습니다. 그런 분들은 일자리 정책을 총괄하여 알려주는 워크넷(www.work.go.kr)을 이용하시면 도움이 될 것입니다.

Jump Together!
취업의 문, 함께 열어보자

맞다　　사회와 현실이 우리 청년들에게 너무 가혹하다. 초등학교 6년, 중·고등학교 6년, 대학교 4년, 최소 16년을 공부하고도 취업의 문턱을 넘지 못해 좌절하고 분노하기 일쑤다. 아르바이트 수입으로는 턱없이 부족해 학자금 대출은 잔뜩 받아놓았는데 갚기는커녕 취직이 안 돼 졸업도 못하는 심정을 당사자가 아니면 누가 헤아리겠는가? 졸업장을 받아 이력서를 들고 찾아간 회사는 이미 유명 외국 대학 졸업장으로 무장한 친구들이 점령하고 있어 자존심을 겨우 추스르며 뒤돌아서야 하는 청년들에게 무슨 말을 할 수 있겠는가?

　그동안 우리는 너무 쉽게 '청춘이여, 꿈을 가지라'고 했다. 그리고 '꿈을 끝까지 포기하지 말라'고도 했다. 그러나 나는 이제 대한민국 청년들에게 꿈을 꾸라고, 끝까지 포기하지 말라고 감히 말할 수 없다. 대한민국 청년 1,000만 명이 지독하게 혼잡한 취업의 병목에 갇혀 오도 가도 못하고, 특히 인문계 대학 졸업생의 90%가 놀 수밖에 없는 현실에서 꿈과 비전을 말하는 것은 너무 한가한 소리라는 것을 알았기 때문이다.

인정한다 취업이 안 되는 이유는 청년들보다 기성세대의 몫이 크다. 우리 사회의 인재 육성 시스템은 1970~1980년대 산업사회에서 몇 발자국 전진하지 못했다. 급속한 경제 발전을 이루어냈지만 대졸 이상의 인재는 경제 발전 속도보다 더 급속하게 늘어났다. 산업사회 당시에는 좋은 품질의 규격화된 인적 자원을 얼마나 빨리 생산해 공급할 것인가가 관건이었다. 형틀에 모래와 시멘트를 섞어 벽돌을 찍어내면 기업들은 더 높은 빌딩을, 더 많은 아파트를 지었다. 그에 맞춰 인재도 벽돌처럼 찍어내는 시스템이 필요했다. 적어도 그때는 그 방법이 유용했다. 우리 세대도 그런 시대의 요구에 맞게 공부하고 노력하여 여기까지 왔다. 이러한 기본적인 인재 육성 시스템은 1990년대를 거쳐 2000년대에도 크게 변하지 않았다.

그런데 어느 날 완전히 다른 세상이 되어버렸다. 우리가 마주하고 있는 현재는 틀로 찍어내듯 규격화된 인재를 원하는 시대가 아니다. 지금 시대는 다른 사람과 다른 무엇인가를 가진 특별한 인재를 요구하고 있다. 하지만 시대가 원하는 인재를 생산해내야 할 공적 인재 육성 프로그램과 사회적 인식은 그에 미치지 못했다. '열심히 공부해 좋은 대학을 나오면 좋은 직장을 얻어 잘살 수 있다'는 자기 시대 성공 공식을 되풀이하려는 부모 세대와 그렇게 유지 발전시킨 교육 시스템은 시대의 요구를 전혀 충족시키지 못하게 된 것이다. 물론 우리 기성세대도 노력하지 않은 것은 아니다. 열악한 교육 환경을 개선해 좋은 교육 여건을 만든 것은 자랑할 만하다. 그래서 이 시대의 청년들은 우리 세대보다 더 우수한 인재로 성장했다.

그러나 이러한 노력이 현재의 청년 실업 문제를 키운 본질이며 착오였다. 과거의 시스템에 첨단시설을 갖춘다고 창조형 인재가 되는 것은 아니기 때문이다. 오히려 좋은 품질의 규격화된 인재를 과잉 생산하는 결과를 낳았다. 그러니 청년들은 과거 우리 세대보다 더 좋은 학력과 스펙을 가지고도 취업의 문턱을 넘지 못해 제자리걸음을 하고 있는 것이다. 다행히 대학을 중심으로 청년 실업 출구를 찾기 위한 노력이 시작되었다. 사회 변화와 산업현장의 요구를 반영한 인재 공급 프로그램이 가동되면 오늘과 같은 병목현상은 조금 완화될 수 있을 것이다.

알았다　　지난 9년 동안 수천 명에 달하는 청년들이 나에게 일대일 멘토링 현장에서 뜨거운 가슴을 열었다. 고맙게도 나는 이 시대를 살아가는 대한민국 청년들이 가진 희망과 좌절, 그리고 고민과 슬픔을 가감 없이 들을 수 있는 기회를 가졌다. 이 책은 그들과 함께하는 동안 나왔던 이야기들을 바탕으로 정리한 것이다.

저녁에 시작한 토론이 동녘에 해가 뜰 때까지 끝날 줄 몰랐고, 전국 방방곡곡 청년들의 절규는 끝없이 이어졌다. 냉혹한 현실과 답답한 세상에 대한 불만을 토로하고, 두려운 현실을 외면하고 싶어 하는 사람도 있었지만 대부분의 청년들은 다시 목표를 향해 나아가고자 했다.

해보자   '줄탁동시啐啄同時●'라는 고사성어가 있다. 저마다의 소중한 꿈을 가진 1,000만 대한민국 청년의 용기에 우리가 해야 할 일은 위로와 격려가 아니라 구체적이고 실제적인 일자리 창출이어야 한다. 그래서 나는 하루하루를 힘겹게 버티고 있는 청년들에게 대한민국이 그들을 외면하지 않고 있다는 사실을 알려주고 싶었다.

실제로 노동고용부에서 운영하고 있는 맞춤형 취업 성공 패키지를 활용하면 훈련비와 수당을 지원받으며 자신의 적성에 맞는 일자리까지 구할 수 있다. 또 사회생활에 두려움을 가지고 있거나 스펙을 쌓으려는 청년들은 직장 체험 프로그램을 활용할 수도 있다. 그 외에도 적성을 알아볼 수 있는 프로그램과 다양한 직업 세계를 소개해주는 프로그램 등 연간 2,900억 원이라는 재원으로 청년들의 취업을 지원하고 있다. 이 돈은

● 알에서 깨어나려는 병아리가 안에서 쪼는 것을 밖에 있는 어미 닭이 같은 곳을 쪼아 병아리가 세상을 나오게 한다는 사자성어.

온전히 청년들을 위해 마련한 재원이다.

청년들이 현실을 인정하고 의미 있는 도전을 하기 위해서는 직업에 대한 시각을 달리할 필요가 있다. 물론 시작을 고소득과 복지가 좋은 대기업에서 시작하고 싶은 마음은 십분 이해한다. 하지만 우리나라에 이미 안정적인 직장은 없다. 대기업 평균 근속 연수가 10년이 채 안 된다는 통계처럼 대기업에 입사하더라도 언제 다시 나와야 할지 모르기 때문이다. 만약 그럼에도 불구하고 대기업에 꼭 입사하고 싶다면 8.7%에 불과한 신규 채용이 아닌 40%에 달하는 경력직 입사를 노리는 것이 현명하다. 그러려면 눈을 조금 돌려 관련 산업에서 경력을 쌓는 것이 좋다. 수출주도형 기업과 첨단산업 등 청년들의 선택을 기다리는 26만 개의 일자리를 적극적으로 알아보는 것은 어떨까.

함께한다 청년들의 일자리 문제를 해결하기 위해 정부가 대통령 직속으로 청년위원회를 출범한 것이 2013년 7월이었다. 나는 일자리창출분과 위원장으로 2013년 한 해 동안 1만 3,000명의 청년들과 함께하며 타운홀 미팅, 청춘 순례 버스 투어, 병영 멘토링, 각종 강연회를 했다. 전국 1만 7,000킬로미터를 달려 현장에서 뛰며 몸으로 부딪혔지만 일자리를 원하는 1,000만 명의 청년 모두에게 도움을 주기에는 역부족이었다. 2014년 12월 위원장이 된 후 더욱 무거운 책임감을 갖게 되었다. 더 많은 친구들에게 더 많은 기회를 제공할 수 없을까 고민하다가 내린 결론이 바로 이 책이다.

정부지원금을 통해 적성도 알아보고 직업도 찾을 수 있는 방법, 실제로 구인란을 겪고 있는 기업과 취업하지 못해 헤매는 청년들을 연계해줄 수 있는 방법, 창업할 수 있는 다양한 방법, 해외 취업에 대한 팁 등 실질적으로 일자리를 찾는 데 도움이 될 만한 정보들을 싣도록 했다. 그래서 이 책이 현장에서 만나 고민을 나누었던 친구들은, 물론 취업하기 위해 동분서주하는 청년들에게 조금이나마 도움이 되기를 바란다.

끝으로 책 내기를 주저하는 나에게 용기를 줘 더 많은 청년들을 만나게 해준 오랜 벗 이진아 씨에게 감사드리고, 무엇보다 원고를 정리하느라 늦은 시간까지 불을 켜놓아 잠자리가 불편했을 터인데도 말없이 참아준 아내에게 고마움을 전한다.

대한민국 대통령 직속 청년위원회 위원장

신용한

차례

✖ 개정판 서문　준비하는 자만이 미래의 일자리를 선점한다 4
✖ PROLOGUE　Jump Together! 취업의 문, 함께 열어보자 10

✖ PART 1
청년들을 위해 마련된 2,900억 원을 활용하자

2,900억 원의 나랏돈을 활용하는 야무진 청년들
단기적 대책의 '허와 실' 25 | 단기적인 대책을 비판만 할 필요는 없다 27

선 취업, 후 대학 지원책
패러다임이 바뀌면 공식도 바뀌어야 한다 31

스펙 없이도 뉴요커가 될 수 있다
실업계, 지방대 출신에게도 열려 있는 해외 취업 35 | 뉴요커가 되는 데 스펙은 필요 없다 36 |
해외 취업을 위한 다양한 지원책 38
나랏돈 100% 활용팁 1 • 해외 취업 성공 장려금 41

취업의 문을 여는 힘 1_로드맵과 세부 리스트를 통한 전략적 사고
현실은 한정된 파이를 누가 갖느냐의 치열한 다툼 43 | 전략적 사고의 핵심, '로드맵'과 '세부
리스트' 46
나랏돈 100% 활용팁 2 • 개인별 맞춤 취업 지원 서비스 51

취업의 문을 여는 힘 2_숨어 있는 야성 깨우기
누구에게나 야성은 있다 53 | 위기 돌파력은 몸으로 부딪쳐 깨운 야성에서 나온다 55
나랏돈 100% 활용팁 3 • 돈 벌면서 경험하는 직장 체험 프로그램 61

취업의 문을 여는 힘 3_긴장감과 순발력을 주는 최악의 상상
'최악의 상상'으로 끊임없이 긴장을 유지하는 삼성과 애플 64 | 긴장감은 변화에 민감하게 반응할
수 있는 순발력을 준다 67
나랏돈 100% 활용팁 4 • 취업 성공을 도와주는 CAP+(청년직업지도) 프로그램 69

PART 2
미래의 꿈보다 오늘의 생존이 우선이다

선택보다 포기를 연습하라
성공의 자랑스러운 기회비용, 포기 **73** | 무엇보다 생존권 확보가 최우선 과제 **74**
나랏돈 100% 활용팁 5 · 실전 직장 생활법을 알려주는 allA(청년진로역량강화) 프로그램 **78**

시간이 흐를수록 경쟁자는 더 늘어난다
꿈을 위해 모든 것을 걸 필요는 없다 **80** | 좋아하는 것보다 잘하는 것을 먼저 하라 **83** | 두 발 전진을 위한 한 발 후퇴, 로스컷 **84**
나랏돈 100% 활용팁 6 · 최근 채용 트렌드에 맞춘 취업 역량 강화 서비스 **86**

취업은 꿈을 이루는 수단일 뿐이다
직장이 망하면 꿈도 사라진다 **89** | SKY 법대 출신의 현명한 선택 **93**
나랏돈 100% 활용팁 7 · 기술 · 기능인재로 성장하기 위한 취업 필살기 **96**

적성을 모르고 지원하면 백전백패
취업에도 영점조준이 필요하다 **98**
나랏돈 100% 활용팁 8 · 200만 원의 지원금으로 경험하는 청년취업인턴제 **102**

회사 선택의 딜레마
왜 용의 꼬리가 되려고 하는가 **104** | 리더는 더 많은 기회를 얻는다 **106** | 목표가 확실하면 용의 꼬리든 뱀의 머리든 상관없다 **108**
나랏돈 100% 활용팁 9 · 미처 알지 못했던 26만 개의 숨은 일자리 **110**

타인과의 비교는 불행의 시작이다
상대적 비교의 함정 113 | 세상에 '엄친아'만 있는 것이 아니다 114 | 잘난 친구와 비교하며 좌절할 필요는 없다 116
나랏돈 100% 활용팁 10 · 부족한 스펙을 지원해주는 내일배움카드제 119

물고기냐, 물고기 잡는 법이냐
청년 취업 관련 정책은 실효성이 있는가? 120 | 취업에 실질적으로 도움이 되는 사다리 122
나랏돈 100% 활용팁 11 · 청년내일채움공제 제도 124

 PART 3

직장에 대한 당신의 오해들

회사가 당신을 뽑지 않는 진짜 이유
채용 기준을 모르는 구직자들 130 | 회사가 당신을 뽑지 않는 진짜 이유 134
나랏돈 100% 활용팁 12 · 회사가 탐내는 인재로 업그레이드시켜줄 학습 모듈 137

스펙, 그리고 블라인드 채용
직무능력 중심의 인재 선발 139 | 지역인재 취업난 해소 141
나랏돈 100% 활용팁 13 · 국가장학금에 인센티브까지 지급받는 일·학습 병행제 144

대기업으로 가는 '또 다른 길'
대졸의 이상적인 초봉은 3,210만 원, 현실은 2,329만 원 146 | 대기업도 10명 중 4명은 경력직을 뽑는다 148 | 어떤 길이든 정상으로 연결되어 있다 150
나랏돈 100% 활용팁 14 · 단기 계약직의 임금이 상승할 수밖에 없는 이유 152

'대기업=안정'이라는 공식은 깨졌다
줄어드는 일자리, 하락하는 취업률 153 | 대기업의 근속 연수, 길어봤자 10년 155 | 대기업=안정? 안정된 것은 아무것도 없다 157 | 여객선이 낡았다고 승선하지 않는다면? 159 | 고용 확대와 비정규직 선택의 딜레마 160
나랏돈 100% 활용팁 15 · 비정규직의 불합리한 처우 대비를 위한 A to Z 162

아버지와 아들, 세대 간 취업 전쟁 시대
기업은 숙련공을 원한다 **164** | 고용 없는 성장 시대에 공존 해법은? **166**
나랏돈 100% 활용팁 16 • 해외 진출을 도와주는 믿음직한 도우미 리스트 **170**

공기업·공무원을 목표로 하는 청년들에게
생활의 안정성? 성취감과 행복은? **172**
나랏돈 100% 활용팁 17 • 원하는 회사 정보를 한눈에 볼 수 있는 전자공시시스템 **175**

고달픈 워킹맘, '82년생 김지영'의 행복을 꿈꾸며
워킹맘의 팍팍한 현실 **176** | 여성 고용률과 합계출산율 모두 낮을 수밖에 없는 악순환 구조 **178**
나랏돈 100% 활용팁 18 • 맞벌이 부부를 위한 출산 · 양육 지원 정책 **180**

 PART 4
누구에게나 직장 생활은 길어야 20년이다

앞으로 다닐 회사는 최고의 창업 스쿨
퇴직 후에는 무얼 할 것인가 **186** | 직장 생활 20년 후 **188** | 40년을 더 살아야 할 인생의 선택,
창업 **189**
나랏돈 100% 활용팁 19 • 원스톱 패키지로 창업을 지원해주는 청년창업사관학교 **192**

누구에게나 잠재되어 있는 창업 DNA
책임감이 리더를 만든다 **194** | 리더십은 타고나는 것이 아니다 **196**
나랏돈 100% 활용팁 20 • 창업 전 꼭 해봐야 할 창업 적성 검사 **199**

성공적인 창업의 필수 조건, 자기정체성
이렇게 하면 망한다. 창업 실패 요인 2가지 **201** | 자기정체성이 강한 사람이 창업에 성공한다 **203**
나랏돈 100% 활용팁 21 • 창업 리스크를 줄여주는 다양한 제도들 **207**

'돈이 되는 로직'이 없다면 창업하지 마라

아이템은 섹시한데, 돈은 어떻게 벌지? **210** | 경험해야 보이는 돈이 되는 로직 **211**
나랏돈 100% 활용팁 22 • 사업 아이템부터 특허 출원까지 도와주는 아이디어발전소 **213**

창업의 주춧돌, 치밀한 시장조사

판매 단계에서 끝나는 반쪽짜리 시장조사 **216** | 시장조사를 100% 믿지 말아야 하는 이유 **219**

창업하기 전 갖춰야 할 5가지 기본기

사업계획서는 최대한 보수적으로 짜라 **225** | 자금 조달 계획과 행정 절차에 대한 마스터 플랜을 세워라 **226** | 사업의 타당성은 개업하기 전날까지 따져라 **227** | 회계는 반드시 알아야 한다 **228** | 초심을 지켜라 **228**

또 다른 가능성, 해외 창업

선진국과 후진국 창업은 접근법이 다르다 **232**
나랏돈 100% 활용팁 23 • 해외 창업을 위한 다양한 지원 제도 **236**

디지털 시대의 성공 노하우, 수시로 물이 나오는 우물 찾기

세계적인 기업은 변신의 귀재 **238** | 망할 건 빨리 망해야 한다 **239**

전통시장의 최대 경쟁 상대는?

신발 브랜드의 경쟁자는 온라인 게임이다 **244** | 가구형태가 바뀌면 소비문화도 달라진다 **245**
나랏돈 100% 활용팁 24 • 청년상인을 위한 전통시장 점포 입점 지원 제도 **248**

  EPILOGUE   Keep Going! 그래도 계속 가라 **250**

X 부록   창업 예비 단계 체크포인트 **254**

PART 1

청년들을 위해 마련된 2,900억 원을 활용하자

2,900억 원의 나랏돈을
활용하는 야무진 청년들

단기적 대책의 '허와 실'

청년층의 ··· 48%

"정부는 청년 일자리 정책에 대한 인식이 낮고
단기적인 대책에만 치중한다."

2003~2012년까지 2조 9,000억 원이라는 자금을 투입해
총 46만 명에게 인턴, 해외 연수, 단기 일자리를 제공하고 있다.
이런 기회부터 활용해보는 것이 어떤가!

'미국 자동차 산업의 신화'라고 불리는 사람이 있었다. 1960년 포드사의 부사장과 사장을 거치고, 1980년대 크라이슬러사의 재건을 이끌어냈던 리 아이아코카 Lee Iacocca 가 그 주인공이다. 그는 경영의 귀재라고 불리며 존폐의 위기에 놓인 크라이슬러사를 미국의 3대 자동차 회사로 키웠다. 특히 스물한 살의 수습사원이었던 그가 미국 자동차 산업을 움직이는 거물이 되었다는 점은 많은 이들에게 감동을 주었다. 또한 1985년에 발간된 그의 자서전은 비소설 분야에서 150만 부가 판매되며 공전의 히트를 기록하기도 했다. 이는 우리나라에서 처음 있었던 일이다.

하지만 그가 그토록 엄청난 성과를 거둘 수 있었던 이면에는 'CEO 제도의 허와 실'이 있다. 주주들에게 뭔가 보여주어야 한다는 압박감은 중장기적 미래 비전을 세우지 못하게 만들었고, 이것은 단기 성과에 치중하는 결과를 낳았다. 오너가 아닌 CEO는 언제든 교체될 수 있기 때문에 자신의 자리를 유지하기 위해, 그리고 더 높은 연봉을 받기 위해 눈앞에 보이는 것에만 사력을 다했다. 그것이 대중들의 눈에는 '엄청난 성과'로 비쳤고, 그를 '경영의 귀재'라고 추켜세웠던 것이다.

그 결과 도요타는 물론 우리의 현대자동차조차도 'CEO 지상주의'에 물들었던 때가 있었다. 하지만 기본적으로 성과에 집착해야 하는 CEO 체제의 특성상 장기적인 투자는 불가능했고, 따라서 다음 세대의 사업으로 이어지지 않았다. 그 이후 대부분의 CEO들은 다시 '오너 경영자'로 교체

됐고, 이렇게 해서 장기적인 안목에서 투자했던 회사들은 또다시 선두에 올라설 수 있었다.

다시 아이아코카의 입장이 되어보자. 비록 그가 단기 성과에만 치중했어도 분명 큰 성과를 이뤄냈다. 부와 명예가 바로 그것이다. CEO 제도의 부작용이 있기는 했지만, 어쨌든 아이아코카는 '실질적인 이익'을 얻어냈다. 그렇다고 그를 비도덕적이라고 몰아세우기는 힘들다. 결국 그는 자신의 상황에서 최선을 다했기 때문이다.

단기적인 대책을 비판만 할 필요는 없다

대통령은 국가의 CEO이다. 주권은 국민에게 있지만, 그 권력을 한곳으로 모아 국가를 관리하고 경영하는 CEO의 역할은 대통령이 한다. 즉 아이아코카와 동일한 입장이다. 물론 중장기적인 계획도 세우겠지만, 한편으로는 단기적인 성과를 통해 국민들에게 뭔가를 보여주어야 하는 부담감도 안고 있는 셈이다. 대통령 단임제가 지속되는 한 이 문제는 영원할 것이다.

여당에서 대통령이 되든 야당에서 대통령이 되든…… 이미 대통령이 '언젠가는 떠나야만 하는 CEO'의 역할을 하는 이상 현실적으로 이러한 단기적 성과 추구는 어쩔 수 없는 측면이 분명히 존재한다. 일부 청년들도 이러한 부분에 대해서 비판을 하기도 한다. 정부가 최근 조사한 자료에 의하면 청년층의 48.8%가 "정부는 청년 일자리 정책에 대한 인식이 낮고 단기적인 대책에만 치중한다"고 응답했기 때문이다.

하지만 여기에서 생각해볼 문제는 '그렇다면 각 개인들은 그러한 단기 대책을 통해서 무엇을 얻을 수 있는가?'다. 생존을 목표로 하는 청년들에게 지금 당장 필요한 것은 오히려 장기적인 대책이 아니다. 장기적 대책이란 대개 5년에서 10년 이상의 시간이 필요한 정책들이다. 올해 혹은 내년에 취업을 목표로 하는 구직자에게 5년 뒤, 10년 뒤의 정책이 무슨 의미가 있겠는가? 물론 후세대를 위해 이러한 장기적 대책도 필요하겠지만 지금 스스로의 현실과 처지를 타파하기 위해서는 단기적인 대책을 적극적으로 활용해야 한다.

정부가 가장 빨리 일자리를 만들어내는 방법은 '재정 투입을 통한 단기 일자리 확충'이다. 정부는 지난 2003년부터 2012년까지 2조 9,000억 원을 투입해 총 46만 명에게 인턴, 해외 연수, 단기 일자리를 제공했다. 1년에 2,900억 원 정도가 꾸준히 일자리 확충에 투입되었다는 말이다. 이를 통해 어떤 청년들은 2,900억 원이라는 경제 가치에 해당하는 실질적인 이익을 얻었을 것이다. 외국어 실력을 한 단계 업그레이드시키기도, 취업을 위한 커리어를 쌓기도 했을 것이다. 비록 단기적인 대책이었을지는 몰라도 누군가는 단기적으로 얻는 이익들을 쌓아 장기적인 발전을 꾀하고 있다. 이런 점에서 정부의 단기적인 대책은 충분히 활용할 만한 가치가 있다.

이러한 측면에서 단기 일자리 창출은 앞으로도 꾸준히 진행될 예정이다. 예를 들어, 그간 제조업 생산직에 국한된 중소기업 인턴 사원의 취업 지원금 지급 대상을 확대하고 지원금 수준도 단계적으로 인상할 예정이다. 이러한 지원이 있게 되면 기업들은 인턴 사원을 더 많이 뽑을 것이고, 개개인들에게는 더 많은 기회가 주어질 수 있다. 한창 진행 중인 혁신 도시 이전도 단기적으로는 청년들에게 도움이 될 수 있다. 공공 기관의 신규 인력 채용 시에 지역 인재의 채용을 확대할 예정이기 때문이다. 장기적으로 자신의 미래를 만들어나가려는 노력과 동시에 단기적으로 정부의 각종 정책을 활용하는 것은 지금의 어둡고 긴 터널을 뚫고 나가는 데 충분한 도움이 될 것이다.

선 취업,
후 대학 지원책

세상에서 창의적이라고 불리는 모든 것은 과거의 것이 일정한 변화를 거치면서 탄생한다. 그런데 이러한 변화를 부르는 다양한 방법들이 있다. 그것은 전혀 상관없는 것을 연결시키거나 기존과는 완전히 반대로 생각하는 것들이다. 모든 것에는 순서가 있고 앞뒤가 있다. 사람들이 기존의 순서와 경로에만 지나치게 매몰되면 창의적인 생각을 하기 어렵다. 하지만 순서를 바꾸는 순간 또는 이제까지 익숙했던 패턴과 경로를 바꾸는 순간 기존에는 전혀 보이지 않던 새로운 것들이 보이기 시작한다.

청년들이 좀 더 창의적인 삶을 살기 위해서는 이러한 순서와 경로 바꾸기에 도전해볼 필요가 있다. 그것은 바로 '초중고→대학 졸업→취업'의 공식을 뒤집은 '초중고→취업→대학 졸업'이라는 새로운 패러다임이다. 이것은 과연 어떻게 가능할까? 그리고 어떤 효과가 있는 것일까?

패러다임이 바뀌면 공식도 바뀌어야 한다

과거 수십 년간 '초중고→대학 졸업→취업'이 마치 하나의 공식처럼 여겨져 왔다. 하지만 요즘 이 공식에 대해 회의적인 시각이 대두되고 있다. 모두 대학에 진학해야 하는 것인지에 대해 반문하기 시작한 것이다. 하지만 이렇게 된 데에는 분명한 이유가 있다. 광복 이후 한강의 기적이라고 불릴 만큼 경제가 급성장하면서 일자리 자체가 상대적으로 많아졌고, 더구나 대졸 취업자들에 대한 수요가 많아졌다. 사람들은 대학에 진학해야 더 좋은 곳에 취직할 수 있고, 그것이 곧 성공이라고 믿게 된 것이다. 여러 가지 이유로 대학을 가지 못해 고등학교만을 졸업한 청년들은 곧바로 산업 현장으로 뛰어들었다. 일명 '공돌이, 공순이'라 불리는 사람들이었으며, 이들이 대학에 다시 진학할 수 있는 방법은 지극히 어려웠다. 그들이 학업을 연장할 수 있도록 정부와 회사는 아무 지원도 하지 않았고, 이미 일선에서 뛰고 있는 당사자들이 대학은 자신과 먼 곳이라고 생각했기 때문이었다.

이러한 사회적 배경에 의해서 '초중고→대학 졸업→취업'이 공식처럼 여겨지기 시작했다. 그런데 이는 그저 많은 사람들이 '그러면 좋을 것이다'라고 생각해서 따르다보니 관성처럼 굳어진 것이지 법률처럼 강제적인 것은 아니다. 따라서 만약 사회 요구가 그리고 사람들의 생각이 바뀌면 이러한 공식은 당연히 달라질 수밖에 없다. 그래서 새롭게 등장한 것이 바로 '초중고→취업→대졸'이다. 기본적으로 초중고 교육을 받은 후 취업해서 자신의 힘으로 돈을 벌고, 당당하게 사회의 일원이 된 후에 다시 대학에 진학하는 것이다. 이때는 더 확실한 목표, 업무 능력을 향상시키거나 또는 자신의 꿈을 이루기 위해 대학에 진학하는 것이기 때문에 성적순에 의해 대학에 입학하는 것과는 차원이 다른 결과를 얻을 수 있다. 취업 후 대학에 진학하는 것이 가능하게 된 것은 우리 산업의 구조는 물론, 취업과 대학에 대한 인식이 현저하게 달라졌기 때문이다.

우선 고졸자들이 취업했다고 해서 대학 진학의 꿈이 사라졌다는 것은 이미 옛말이 되었다는 것을 상기할 필요가 있다. 일단 정부와 많은 기업들이 선 취업, 후 진학자를 선호하고 있기 때문이다. 사실 4년제 대학을 졸업해도 막상 현장에 투입되면 처음부터 다시 교육시켜야 한다는 애로사항이 있다고 기업 인사담당자는 말한다. 높은 연봉을 주면서 재교육을 시켜야 한다는 것이 기업으로서는 큰 부담이 되는 셈이다. 그러니 기업 입장에서는 필요한 인력을 빠르게 수급할 수 있게 되고, 업무에 어느 정도 숙련된 직원이 전문성을 더 키우기 위해 대학에 진학하는 것은 '미래를 위한 투자'가 된다는 것이다.

개인적으로도 자신에게 필요한 것이 무엇인지, 왜 공부해야 하는지를 확고하게 알게 된다는 장점이 있다. 앞서 언급했던 것처럼 막연하게 수능점수에 따라 학교나 전공을 선택하고, 좋아하지도 않고 필요성도 느끼지 못하는데 4년이라는 시간을 허비하는 것보다 훨씬 효율적이기 때문이다.

더 나아가 사회적으로 확고한 자기 경쟁력을 가질 수 있다는 장점도 있다. 대학을 졸업한 학생은 그냥 수많은 대졸자 중 한 명에 불과하지만 선 취업 후 대학을 졸업한 학생은 '실무 능력을 갖춰 현장에 바로 투입될 수 있는 대졸자'이기 때문이다. 기업 입장에서는 당연히 후자를 선택하는 것이 경제적일 수밖에 없다.

그렇다고 이들이 가는 대학이 별 볼일 없는 대학이냐 하면 그것도 아니다. 이미 2017년 입시에서 '재직자 특별 전형'을 실시한 학교는 고려대를 비롯해 한양대, 건국대 등 4년제와 전문대 91곳이며, 입학 정원도 1만 1,115명에 이른다. 이는 향후에도 지속적으로 늘 전망이다. 그뿐만 아니라 국가적 차원에서도 이를 뒷받침할 다양한 제도를 마련해 고졸자들에게 힘을 실어줄 예정이다.

물론 '선 취업, 후 진학'만이 답은 아닐 것이다. 우리 사회에서는 대학에 진학해 학문적 소양을 쌓아야 취업할 수 있는 직종도 분명히 있기 때문이다. 하지만 모두 그런 직업에 종사할 필요도 없고, 그렇게 할 수도 없다. 공부에 대한 선호도나 스타일이 다르고, 라이프 스타일도 제각각이기 때문이다.

그런 점에서 좀 더 학구적이고, 학문에 관심이 많은 사람은 당연히 대학에 진학하는 것이 맞다. 하지만 그렇지 않은 경우라면 오히려 선 취업, 후 진학을 선택하는 것이 더 많은 이점이 있다는 것을 알아야 한다. 앞서 언급했듯이 취업 우위, 전문성 강화 등 다양한 실질적인 이익은 물론 자기소개서를 쓰면서 전공 선택이나 대학에 진학한 것 자체를 후회하는 자괴감은 느끼지 않을 것이다.

이제 고등학교 졸업 후 취업을 먼저 해도 충분히 행복할 수 있는 세상이 왔다. 이제 더 이상 고졸자라고 해서 대학에 대한 로망을 가슴에 품은 채 '가방끈 짧은 신세'를 한탄할 필요도 없어졌다. 오히려 더 명확한 인생의 목표를 설정할 수 있을 뿐만 아니라 현실적인 대안을 스스로 만들어 나간다는 점에서 더 주체적인 삶을 살아갈 수 있게 된 것이다. 그리고 바로 이러한 삶이 지금 같이 힘들고 어려운 시대에 '창조적인 인생'이 될 수 있음을 기억하자.

스펙 없이도
뉴요커가 될 수 있다

실업계, 지방대 출신에게도 열려 있는 해외 취업

우리 청년들이 관심은 많지만 의외로 쉽게 도전하지 못하고 어렵게 생각하는 것이 있다. 바로 해외 취업이다. 방법을 몰라서 그렇지 실제 해외 취업에 성공한 사례를 살펴보면 누구나 열정을 가지고 준비하면 가능하다. 다만 막연히 어려울 것이라는 생각에 관심을 많이 두지 않기 때문에 기회를 잡지 못했을 뿐이다. 특히 영어라는 장벽 때문에 더 그런 경우가 많다. 지금은 그 어느 때보다 해외 취업하기 좋은 환경이다.

과거 해외 취업이라 하면 '광부와 간호사'가 대표적이었다. 지금처럼 경제가 발전하지 않았을 때 제조업 중심의 수출을 많이 했던 것처럼 인력 역시 힘들고 어려운 일에 종사하는 사람들의 해외 진출이 많았다. 더

구나 해외에 진출한 이후에도 '코리아'라는 브랜드 인지도가 낮아 제대로 대접받지 못한 경우가 대부분이었다. 하지만 지금은 대한민국 국민의 15%, 약 700만 명 정도가 국외에 거주하고 있을 정도로 해외 진출 사례가 많아졌다. 더구나 요즘에는 '한류'의 영향으로 국가 브랜드는 물론, 한국인이라는 자긍심까지 높아지고 있다.

뉴요커가 되는 데 스펙은 필요 없다

2013년 한국능률협회가 조사한 바에 의하면 취업 및 창업 준비생의 73%가 해외 진출에 관심을 가지고 있었다. 이 수치는 상당히 높은 것이라고 볼 수 있다. 이는 그간 대한민국이 지속적으로 글로벌화를 추진한 결과이다. 이렇게 관심과 욕구가 높은 반면 아직 '충분히 활성화되었다'라고 표현하기는 힘든 상황이다. 해외 취업에 대한 구체적인 방법이 잘 알려져 있지 않기 때문이다. 특히 영어가 유창하고 스펙이 좋아야 해외 취업이 가능하다는 편견으로 시도조차 하지 않는 경우가 많다. 하지만 실제 해외 취업 성공 사례를 면밀히 살펴보면 의외로 실업계 고등학교와 지방대 출신이 많다.

뉴욕의 한 식품 회사에 다니는 윤지은27세 씨가 대표적인 경우이다. 그녀는 현재 식품 회사의 어시스턴트 매니저로 일하는 '뉴요커'이다. 그녀의 주요 업무는 생산되는 제품의 매출과 관련된 전반적인 상황을 꼼꼼

하게 관리하는 일이다. '매니저'라고 말해서 처음부터 아주 특별한 기술을 갖추고 있었다고 생각할 수도 있지만 처음 그녀의 출발은 그리 화려하지 않았다. 영어 실력도 그리 좋지 않았고 실업계, 지방대 출신이었다. 우리 사회의 기준으로만 본다면 '비주류'라고 말할 수 있을 정도이다. 물론 그녀가 처음부터 쉽게 취업했던 것은 아니다. 2년간 40군데의 회사에 이력서를 넣었지만 연락은 오지 않았다. 그러던 중 지금 다니는 회사에 '영상 이력서'를 만들어 보냈고, 결국 취업에 성공했다.

또 다른 사례 역시 처음에는 힘들지만 결국 더 큰 비전이 있는 해외 취업 사례를 보여준다. 이진희34세 씨는 해외 취업이라는 것이 아직 활성화되지도 않았던 10여 년 전 일찌감치 해외로 눈을 돌렸다. 대학 시절 미국에서 5개월 정도 워킹홀리데이와 비슷한 '워크 앤드 트래블Work&Travel'에 참여해 영어 실력을 쌓았고, 그 후 영국의 한 홍보 회사에서 인턴 생활을 시작했다.

결과만 보면 출발부터 순조로웠을 것으로 생각할 수 있지만 사실 그녀는 '무급 인턴'이었다. 월급을 한 푼도 받지 못했으니 밤마다 인근 커피 전문점에서 아르바이트를 하면서 직장 생활을 병행하는 고된 생활을 했다. 이렇게 한 4개월간의 경험은 그녀를 크게 성장시켰다. 해외 취업에 대한 자신감을 갖게 된 것이다. 그 후 국내의 한 컨설팅 회사에서 3년간 일한 뒤 다시 영국으로 날아가 글로벌 광고 회사에 입사했다. 그리고 뒤어난 능력을 인정받아 현지 직원 선발과 교육을 담당할 정도가 되었고, 나중에는 국내 유명 광고 회사의 현지 법인에 취업했다. 무급 인턴과 아르바이트, 국내 회사에서의 경험 등 먼 길을 돌아가는 듯이 보이지만 그녀는 착실하게 자신의 실력을 쌓는 길을 걸었던 것이다. 만약 어학 실력을 쌓기 위해 해외 연수를 가거나 학원을 다니면서 시간을 허비했다면 그녀는 지금의 위치에 있지 못했을 것이다. 비록 무급 인턴이었지만 그 시간 동안 자신이 어떤 길을 가야 할지 확신하게 되었고 목표한 바를 이루기 위해서 노력할 수 있었던 것이다.

해외 취업을 위한 다양한 지원책

그녀들의 삶에서 해외 취업에 대한 몇 가지 중요한 교훈을 얻을 수 있다. 해외 취업을 하기 위해 중요한 것은 도전하는 '용기'와 '경험'에서 시작된다는 점이다. 윤지은 씨의 경우 수차례 이력서를 넣으면서 일자리를 찾는 도전을 했고, 이진희 씨의 경우에는 현지 경험을 통해 해외 취업에 대한 비전을 찾았다는 것이다. 머릿속으로만 해외 취업에 대한 환상을 갖는 것은 아무 의미도 없다. 실제로 부딪치고 경험하면서 스스로 하나하나 노하우를 체득하지 않는 한 해외 취업의 꿈은 쉽게 이루어지지 않는다.

두 번째로 '현재의 상태'는 크게 중요하지 않다는 점이다. 이진희 씨의 경우처럼 실업계에 지방대 출신, 영어 실력도 그리 높지 않은 상태에서도 충분히 해외 취업이 가능하기 때문이다. 이는 개인의 노력 여하에 따라 해외 취업의 성공 여부가 결정된다는 사실의 반증이기도 하다.

특히 대부분 해외 취업에 엄두를 내지 못하는 이유가 '현재의 영어 실력' 때문이다. 하지만 영어 실력은 어느 정도 수준까지 올리는 게 어려워서 그렇지 현지인과 의사소통이 가능한 정도가 되면 전 세계 어디에 가서도 일할 수 있다. 반도에, 분단된 작은 땅덩어리에서 5,000만 명이 북적거리는 우리나라에서 잡을 수 있는 것보다 훨씬 다양하고 많은 기회가 기다리고 있는 것이다.

물론 그렇다고 해외 취업을 만만하게 봐서는 안 된다. 가족과 떨어져 지내야 한다는 점, 문화가 다른 곳에서 일해야 한다는 점 등 막상 취업이 되고 나서 겪는 애로사항도 많기 때문이다. 그럼에도 불구하고 분명한 것은 우리나라보다 기회가 많고, 자신의 능력만 있다면 더 발전할 가능성이 높다는 것이다.

이에 대해 국가적 차원에서도 'K-Move'라는 이름으로 다양한 정책이 진행되고 있다. 이를 활용한다면 해외 진출 초기, 정착하기 전까지 겪을 수 있는 다양한 경제적 부담감을 덜 수 있다.

만약에 바로 해외 진출하기에 부담감이 크다면 봉사를 활용해 현지를 경험하고, 취업으로 발전시킬 수 있는 방법도 있다. 이에 대해 매년 예산도 늘어나고 있어 2012년에는 735억 원, 2013년에는 836억 원, 2014년에는 901억 원으로 증액되고 있는 추세다. 이런 예산을 활용하면 비용을 들이지 않고도 현지의 문화나 관습 등을 미리 익힐 수 있어 해외 취업에 대한 자신감은 물론 초기에 부딪치는 다양한 문제들을 더 쉽게 이겨낼 수 있다.

해외 취업이라고 너무 막연하게만 생각할 필요는 없다. 익숙한 우리 땅을 떠나서 해외에서 일하고 생활한다는 생각하면 '두렵다'라는 생각에 거부감이 먼저 들 수도 있다. 하지만 학창 시절부터 오랜 시간 동안 영어를 배운 것은 결국 '글로벌 시민이 되기 위한 것이 아니었던가' 해외 취업은 낯설고 두려운 것이 아니라 이제껏 우리나라에서 경험하지 못했던 전혀 다른 기회를 잡기 위한 또 하나의 도전이다. 그러니 이제 자신만의 인생 비전을 세우고 실질적인 결실을 맺으려는 의지와 열정만 있으면 된다.

해외 취업 성공 장려금

한국산업인력공단에서는 해외 취업에 성공한 도전적인 청년의 원활한 현지 정착과 장기 근속을 위해 인센티브 즉 장려금도 지원하고 있다. 이른바 '해외 취업 성공 장려금'인데 지원금 우대 국가는 400만 원, 그 외 국가는 200만 원을 받는데 취업애로청년층은 국가 구분 없이 400만 원을 지원받는다. 해외 취업, 해외 인턴십에 참여하고 싶어도 진행비나 생활비 때문에 망설였다면, 해외 취업 성공 장려금을 적극 활용하자.

다만 지원 대상은 만 34세 이하이며 부모, 본인 및 배우자의 합산 소득이 8분위 이하이며 건강보험료 합산액이 364,134원 이하여야 한다. 또한 월드잡 홈페이지(www.worldjob.or.kr) 내 구직 등록 후 취업한 자여야 한다.

취업 인정 기준도 잘 따져봐야 한다. 단순 노무직 이외 직종이거나, 연봉 1,500만 원 이상의 소득 기준, 혹은 근로 계약 1년 이상의 취업 조건, 비자도 관광이나 학업이 아닌 취업비자 또는 워킹홀리데이 비자여야 한다. 위의 조건들을 모두 충족해야 장려금을 지원받을 수 있다.

신청 방법 및 준비 서류는 월드잡 홈페이지에서 볼 수 있으며 더 자세한 상담을 원하면 해외취업 고객센터(1577-9997)로 연락하면 된다.

취업의 문을 여는 힘 1
로드맵과 세부 리스트를 통한 전략적 사고

이제까지 우리는 '현실'에 대한 다양한 이야기를 해왔다. 그런데 대부분 '현실이 가진 객관적 모습'을 주로 이야기해왔지 '현실의 무서움'에 대해서는 이야기하지 않았다. 어쩌면 이미 어떤 청년들은 현실의 무서움을 겪었을지도 모르겠다. 하지만 확신하건대, 그들이 느끼는 것보다 현실은 훨씬 냉혹하다. 이렇게 '현실의 무서움'을 강조하는 것은 그래서 압도당하고 현실에 순응하라는 조언을 하기 위함이 아니다. 오히려 엄혹한 현실을 장악하고, 컨트롤하기 위한 가장 좋은 방법이 무엇일지 함께 생각해보기 위해서다.

대한민국 청년들이 가진 잠재력과 발전 가능성은 그들 스스로 생각하는 것보다 훨씬 크다. 제대로 전략만 잘 세우면 아무리 현실이 냉정하고 무서워 당장 한 발 후퇴해야 하더라도 늘 반전의 기회를 노릴 수 있다. 청년들이 현실과 싸워 이길 수 있는 방법이 있을까? 어떻게 하면 될까?

현실과 싸워 이기고, 심지어 경쟁이 치열한 취업의 문을 여는 것은 물리적인 힘만으로는 가능하지 않다. 이른바 '전략적 사고'를 통해서만 이겨낼 수 있다. 전략이란 사전적인 의미로 '전쟁을 전반적으로 이끌어가는 방법이나 책략'을 말한다. 전략이 뛰어난 장수는 그 어떤 싸움에도 승전고를 울릴 수 있듯이, 전략적 사고를 하는 청년이라면 두려움 없이 현실과 맞서 이겨나갈 수 있다.

현실은 한정된 파이를 누가 갖느냐의 치열한 다툼

자본주의 경제체제에서 생존해 나가는 기본적인 방법은 '남의 파이를 내 것으로 가져오기'이다. 취업을 하든 창업을 하든 이 원칙은 동일하다. 너무 가혹하다고 여겨지는가? 하지만 이 사회의 부囊는 한정되어 있다. 모두가 원하는 만큼 가질 수는 없기에 내가 뭔가를 얻기 위해서는 다른 사람의 것을 가져와야 하는 것이 현실이다.

직장인의 경우 일정한 노동력을 제공하는 대가로 회사의 돈을 내 주머니로 옮겨 오는 것이며, 사업의 경우 제품을 판매해 소비자의 돈을 내 통장으로 가져오는 것이다. 결국 취업이든, 창업이든 '어떻게 하면 남의 파이를 내 파이로 만들 수 있을까?'가 관건인 셈이다.

그런데 반대로 생각해보자. 당신이 '어떻게 저 사람의 파이를 내 것으로 가져올 수 있을까?'를 고민할 때 상대방은 그저 순진하게 당하고만 있을까? 상대방도 똑같이 '어떻게 하면 남의 파이를 가져올 수 있을까?'를 생각한다.

좀 더 냉정하게 말하면, 이는 '만인에 대한 만인의 투쟁'이며 '모든 이들이 일정한 파이를 두고 싸우는 무한 경쟁'이라고 할 수 있다. 서로가 서로의 것을 빼앗기 위해 싸우는 이 상황에서 자신의 목적을 달성하기 위해서는 어떻게 해야 할까? 고도의 계획이나 전략 없이 추상적인 생각만으로 남의 파이를 가져올 수 있을까? 첨단 기술과 논리로 무장해 당신의 파이를 빼앗기 위해 노력하는 사람들의 파이를 빼앗을 수 있을까?

금융 회사를 예로 들어보자. 금융 회사들 역시 소비자들의 파이를 옮겨 오기 위해 치열하게 고민한다. 새로운 금융 기법과 상품들을 만들어 내고, 듣도 보도 못한 생소한 용어를 도입해 그럴 듯한 논리로 고객의 파이를 가져가기 위해 노력한다. 이런 상황에 당신은 아직 파이를 빼앗기지 않은 것으로도 '큰 행운'이라고 해도 과언이 아닐 것이다.

돈은 살아있는 생물이다. 그것도 아주 쿨한 이성을 가진 생물이다. 그러므로 어떤 상황에 직면해 A부터 Z까지 논리적·이성적으로 설득되는 과정이 수반되지 않으면 절대로 남의 파이를 가져올 수 없다.

한 청년이 나에게 이메일로 상담을 요청해왔다. 메일에는 미래에 대한

막막함이 그대로 녹아 있었다.

'저는 현실에 안주하지 않고 노력하고 있는 청년 ○○○입니다. 남들처럼 대기업이나 공무원이 아닌 새롭고 신선한 나만의 사업을 하고 싶어이것저것 알아보는 중입니다. 그런데 혼자 아무것도 없는 상태에서 새로운 것을 시작하니 참 어렵네요. 사업자등록도 하고, 아이템도 구상해봤는데 이 모든 것이 복잡하고 참 힘이 듭니다. 저에겐 지금 훌륭한 분의멘토링이 필요합니다. 제게 꼭 맞는 조언을 부탁드립니다.'

하지만 자신이 처한 현실의 어려움에 대한 토로와 그것을 주체적으로돌파해 나아가려고 하는 마음은 절절한데, 도대체 이 청년이 무엇을 상담하고 싶어 하는지 그 핵심을 알 수 없었다.

질문을 하는 데에도 전략이 필요하다. 자신이 무엇을 원하는지 명확하게 해야 정확한 대답을 들을 수 있기 때문이다. 청년은 이메일을 통해 현실의 어려움을 토로하고 있지만, 아쉽게도 결국 '제 인생 어떻게 해야 하나요?'라는 너무나 광범위하고 대답하기 어려운 질문에 그치고 있다. 아마도 이런 모호한 질문에는 그 어떤 멘토도 명확한 대답을 해주기 어려울 것이다. 자신의 상황을 정리하지 못한 상태에서 전략적으로 질문하기는 어렵다. 더구나 이런 상태에서 창업을 하고, 나아가 전략적으로 인생을 살아가는 것은 더욱 어려운 일이다.

전략적 사고란 한마디로 나의 현재 상태, 욕구, 사용할 수 있는 필승의 무기를 모두 점검하고 깨달은 뒤에 상대의 반응과 미래의 시나리오를 예측하고, 그것에 맞대응할 다양한 방법을 갖추는 것을 말한다. 그래서 질문 하나를 할 때에도 자기가 무엇을 원하는지 정확하게 초점을 맞춰야 하고, 그것으로 상대가 할 수 있는 대답의 범위를 좁힐 수 있어야 한다.

하지만 아쉽게도 우리 시대의 청년들은 이러한 전략적 사고를 배울 만한 시간이 없었다. 학교에서는 '생각하는 법'을 가르치기보다 시험 잘 보는 기술을 가르쳤고, 사회에 나와서도 '시키는 일' 위주로 해왔지 '이 일을 왜, 무엇을 위해 어떻게 해야 하는가'를 스스로 생각해본 적이 별로 없기 때문이다.

전략적 사고가 부재한 사람은 현실의 무서움과 냉정함에 매번 녹아웃 Knockout 당할 수밖에 없다. 따라서 취업을 하든 창업을 하든 우리 청년들이 전략적 사고를 습관화하고, 그것에 따라 행동해야 한다. 그것은 생존의 필수 조건이자 현실을 이겨 나가는 강력한 힘이기 때문이다. 과연 전략적 사고는 어떻게 해야 할까?

전략적 사고의 핵심, '로드맵'과 '세부 리스트'

언젠가 2001년부터 2012년까지 약 100여 년 동안 백악관 국가장애위원

회 정책차관보를 역임하면서 한국계 최초로 차관보 직급까지 올랐던 고 ㅤ
故 강영우 박사를 만난 적이 있다. 그때 박사에게 두 아들의 교육 과정을 들으며 큰 감명을 받았다.

어렸을 때부터 14세 때 실명해 장애인이 된 아버지를 위해 큰아들 폴은 의사가 되기를, 둘째 아들인 크리스토퍼는 장애인의 인권을 위해 일하는 변호사가 되기를 희망했다고 한다. 그러던 어느 날 중학생이 된 크리스토퍼는 장래 희망을 쓰고, 인생 역순으로 그것을 이루기 위한 로드맵을 설정하라는 과제를 받았다. 그러자 크리스토퍼는 연방 대법원 판사라는 원대한 목표를 적고, 역순으로 하나하나 필요한 일, 해야만 하는 일들을 작성했다. 그러더니 마침내 지금 당장 할 일과 앞으로 준비해야 하는 일까지 차곡차곡 완성시킨 것을 보고 강 박사는 깜짝 놀랐다고 한다. 그리고 시간이 지나 크리스토퍼는 결국 오바마 행정부에서 백악관 입법 관계 특별 보좌관에 임명되었고, 지금은 그의 꿈에 근접한 백악관 법률 고문을 맡고 있다.

전략적 사고를 갖추는 것은 생각보다 어렵거나 힘들지 않고, 애매하거나 추상적이지도 않다. 누구나 일상에서 매일매일 실천할 수 있는 구체적이며 현실적인 일이다. 유일하게 필요한 것이 있다면, 바로 목표를 이루기 위한 로드맵과 세부 리스트'를 작성하고 실천하는 것이다.

크리스토퍼의 사례에서 볼 수 있듯이 이 두 가지만 있다면 전략적 사고의 50%는 해결되었다고 말해도 과언이 아닐 것이다. 이렇게 한다면 20~30년 뒤 당신의 목표가 결정될 것이고, 그것을 역산해 차곡차곡 정리해 나가면 오늘 당신이 할 일을 알 수 있다.

예를 들어, 영화사를 운영하는 것이 꿈이라면 기본적으로 영화 제작과정은 물론, 수입 과정도 알아야 한다. 또 배우 섭외 능력과 투자자를 끌어들일 수 있어야 한다. 따라서 영화사를 운영하는 데 필요한 능력들을 먼저 설정한 후에 그를 체득하기 위해서 어떻게 해야 하는지를 리스트로 만들도록 한다. 그러면 20년 뒤에 영화사 사장이 되기 위해 해야 할 일을 비롯해 18년 후, 17년 후 그리고 이번 달에, 이번 주, 오늘 해야 할 일이 결정된다. 그것을 매일 실천하고 바뀌는 상황에 맞게 수정하는 일이 바로 전략적 사고를 기를 수 있는 방법이다. 이렇게 작성한 세부 리스트와 로드맵은 당신이 목표를 이루게 해주는 인생의 교과서이자, 길을 잃지 않게 해주는 지도이기도 하다.

반대로 비非전략적 사고는 로드맵이나 리스트 없이 '나는 영화사 사장이 될 거야'라고 생각만 하는 것이다. 누구나 알듯이 생각만으로는 결코 목적에 이를 수 없다. 생각만 하는 것은 엔진도, 노도 없는 배를 타고 "이 바다를 건너 저 섬으로 갈 거야"라고 말하는 것과 다르지 않기 때문이다. 비슷한 맥락에서 "올해는 정말 열심히 할 거야", "뭐든지 잘해야지"라고 말하는 것도 비전략적 사고의 대표적인 예이다.

그러니 먼저 취업을 하기 위해서는 추상적인 생각만 하지 말고, 구체적으로 무엇을 잘하는지, 어떤 일을 하고 싶은지 구체적으로 생각해야 한다. 그리고 목표가 정해졌다면 그 목표에 도달하기 위해 어떤 것을 해야 하는지 리스트로 작성하고, 단계별로 로드맵을 그리는 것이 중요하다. 도대체 뭘 열심히 할 것이며, 어떻게 잘하겠다는 것인지 스스로도 알지 못하면 결코 목표에 도달할 수 없으며, 아무리 스펙이 좋다고 하더라도 목표 없는 사람을 선택할 회사는 없기 때문이다.

사실 로드맵과 세부 리스트는 인생의 목표를 이뤄나가는 데에만 필요한 것이 아니다. 회사 생활을 할 때에나 사업을 할 때에도 필수적으로 필요 요소들이다. 신입 사원이더라도 주어진 목표치가 있다면, 세부 리스트를 짜고 매일매일 어느 정도의 진행되고 있는지 상태를 체크해야 한다. 그리고 만약 잘못된 것이 있다면 원래 계획대로 진행될 수 있도록 노력해야 한다. 그리고 이러한 일들을 습관화해 원래 계획했던 것들이 매 시기별로 딱딱 맞아떨어지도록 체계화·구조화해야 한다. 이렇게 하면 '일 잘하는 사원'이 되는 것은 시간문제일 뿐이다.

당신이 팀장이 되었을 때에도 마찬가지이다. 팀원들에게 특정한 목표를 주고, 그에 맞는 시기별 퍼포먼스를 제안하고 크로스 체크하지 않으면 안 된다. 상사 중에 가장 무능한 사람이 바로 퍼포먼스에 대한 전략적 사고 없이 애매모호한 목표를 말하면서 가시적인 성과를 내라고 부하들을 일방적으로 몰아붙이는 사람이다. "열심히 해라", "잘해라"와 같은 막연하고 모호한 말들은 현실에서 전혀 의미 없다.

전략적 사고를 하려면 항상 현실을 정확하게 파악해야 한다. 그래야만 로드맵과 세부 리스트가 나올 수 있고, 휘둘리지 않고 현실을 압도해나갈 수 있기 때문이다. 이제껏 그렇게 하지 않았다면 당장 로드맵과 세부 리스트를 짜서 전략적으로 사고하도록 해보자. 그러면 방황과 좌절의 시행착오를 현저히 줄일 수 있을 것이다.

개인별 맞춤 취업 지원 서비스

누군가 나에게 취업에 대한 컨설팅을 해준다면 얼마나 좋을까? 특히 개인을 위한 맞춤 컨설팅이 가능하다면 자신의 앞날을 설계하는 데 상당한 도움이 될 것이다. 현재 고용노동부에서 운영하는 '취업 성공 패키지(www.work.go.kr)'가 바로 개인별 맞춤형 취업 지원 서비스이다. 대상자의 적성과 진로 설정을 토대로 취업 지원 정책을 컨설팅해주는 프로그램으로 특히 훈련비와 훈련 수당까지 지원해주고 있다.

프로그램은 1단계, 자신의 취업 역량 및 유형을 스스로 진단하고 이를 토대로 심층상담을 진행한 후, 2단계에서 훈련, 인턴 등 취업 능력을 향상시킬 수 있는 각종 프로그램에 참여하고, 3단계에서는 취업 알선을 통해 성공적으로 취업에 이르는 취업 지원을 하고 있다. 구체적으로 소개하면 다음과 같다

사전단계
온오프라인, 모바일을 통해 제공되는 자가진단을 통해 취업 의욕 및 직무능력을 기준으로 6가지 유형[A유형(상담 등 통합지원형), B유형(직업훈련중심형), C유형(직무경험(일경험중심형)), D유형(조기취업형), E유형(해외취업형), F유형(창업창직형)]으로 분류, 향후 취업 지원 경로 설정에 활용한다.

1단계(진단 · 경로 설정)

집중상담 및 직업심리검사를 한다. 1단계 과정을 성실하게 참여하여 IAP(개인별 취업활동 계획)를 수립한 자에게는 참여 수당으로 기본 15만 원 지급, 최대 20만 원까지 지급한다. 집단상담프로그램 참여자에게는 추가로 5만 원을 지급한다.

2단계(의욕 · 능력 증진)

직업훈련, 인턴 등 직무능력향상 프로그램에 참여하여 일정 요건 충족 시 훈련 참여수당을 지원한다. 일당 1만 8,000원, 월 28만 4,000원(최대 6개월)을 지급한다.

3단계(집중 취업 알선)

동행면접과 같은 적극적이고 실질적인 취업 알선을 실시하고 기관 방문 참여자에 대해서는 월 1회 2만 원의 실비를 지급하되 최대 6만 원까지 지급한다.

지원대상자는 만 18세~34세 미만인 자로 고등학교 이하 졸업자 중 비진학 미취업 청년, 고등학교 · 대학 · 대학원 마지막 학년 재학생, 대학교(전문대 포함)를 졸업한 미취업자, 영세자영업자(연간 매출액 8천만 원 이상 1억 5천만 원 미만인 사업자), 고용촉진특별구역 및 고용재난지역 등 이직자, 맞춤 특기병[17~24세의 육 · 해 · 공군 현역병 입영대상자 중 고등학교 졸업(예정) 이하 비진학자로서 지방병무청장의 추천(의뢰)을 받은 자]은 신청이 가능하다.

취업의 문을 여는 힘 2
숨어 있는 야성 깨우기

전략적 사고가 취업의 문을 여는 이성적, 논리적 필수 무기였다면, 그 다음 필요한 것은 뜨거운 야성이다. 이성과 열정이 합쳐졌을 때 비로소 강한 실천력과 돌파력이 생기기 때문이다. 이성과 논리만 가지고는 스스로를 설득하고, 행동으로 옮겨 지속하는 데 어려움이 있다. 거친 현실에서도 결코 굴하지 않고 싸워나갈 수 있는 힘은 우리 가슴속에 내재돼 있는 야성이다.

누구에게나 야성은 있다

야성을 쉽게 표현하면 '싸우겠다는 의지'라고 볼 수 있다. 자신의 인생을 더 고양시키려는 사람들의 꿈틀거림이고, '이대로는 안 된다'는 단호한 자기 결단이기도 하다. 또 한편으로 남들에게 지기 싫어하는 마음, 또는 자존감을 지켜나가기 위한 스스로의 투쟁이기도 하다. 무엇이라고 표현하든 자신의 인생을 걸고 뭔가를 방해하는 것에 대해 단호하게 '싸우겠다는 의지'를 갖는 것이라고 할 수 있다.

야성은 추상적이고 애매한 것이 아니다. 일례로 최근 직장인의 희망에 대한 설문조사를 했더니 '올해는 반드시 직장을 옮긴다'는 응답자가 75%에 달했다. 직장을 옮기는 것이 뭐가 대수냐고 볼 수 있겠지만 이는 야성의 또 다른 표현이다. 물론 이러한 통계를 만족스러운 직장 환경을 제공하지 못하는 우리 사회의 기업 현실을 반영한다고 해석할 수도 있다. 또 한편으로 불만을 개선하고 해결해 더 나은 인생을 만들고 싶다는 생각의 표현이며, 그저 조직에서 숨죽이며 시키는 일이나 하면서 살고 싶지 않다는 의지의 발현이다. 하지만 이런 것들도 얼마든지 야성이라고 표현할 수 있다. 한마디로 주어진 현실에 안주하지 않겠다는 것, 비록 현실의 여러 제약 때문에 전략적 후퇴나 휴지기를 가질 수는 있어도 그것이 결국 순응이나 굴복은 아니라는 강한 의지를 나타내는 것이 바로 야성이다.

그렇다면 누가 이러한 야성을 가지고 있을까? 가슴속에 도전 정신을 품은 모든 사람들이다. 그렇다고 특별한 사람들에게만 있는 것은 아니다. 대부분의 사람들은 야성을 가지고 있다. 다만 숨겨져 있을 뿐이다. 물론 나이가 들면서 야성이 어느 정도 꺾일 가능성은 있다. 가정이 생기면 야성보다 안정을 지향하는 것이 일반적이기 때문이다.

하지만 가능성이 무궁무진한 청년이라면 당연히 야성을 일깨워야 하고, 이를 토대로 현실에 지지 않을 수 있는 전략적 사고를 습관화해야 한다. 하지만 정말 중요한 것은 가슴속에 숨어 있는 야성을 어떻게 수면 위로 끌어내느냐이다.

위기 돌파력은 몸으로 부딪쳐 깨운 야성에서 나온다

고등학교를 졸업한 뒤 베트남전에 참전한 청년이 있었다. 무사히 살아남아 귀국한 그는 무작정 사업을 시작했다. 그래서인지 그는 하는 사업마다 족족 실패했다. 무려 16번이나 실패를 한 것이다. 그도 그럴 것이 배운 것이 많지도 않았고, 경영이나 비즈니스 스킬을 배워본 적도 없었다. 주변에서 그를 도와줄 사람도 없었다. 하지만 그는 17번째 사업에 성공해 연매출 1,300억 원의 중견기업을 보란듯이 일구어냈다. 그가 바로 죽도에 '재기중소기업개발원'을 설립한 전원태 대표이다. 16번을 짓밟히고도 또다시 일어나 세상과 싸울 수 있었던 그의 야성은 어떻게 키울 수 있었을까?

"나는 베트남전에서 동료들이 죽어나가는 것을 수없이 봤습니다. 어제까지 나와 농담하던 전우가 오늘 피를 흘리며 쓰러지는 모습을 숱하게 본 것이죠. 하지만 나는 운이 좋게도 전쟁에서 살아 돌아왔습니다. 이런 내가 못할 일이 뭐가 있겠는가? 나는 아직 죽지 않았으니 원 없이 도전이나 해보고 깨져보자는 생각으로 사업을 했습니다."

또 전원태 대표는 아내에게 늘 이런 이야기를 했다고 한다.

"내가 집에 안 들어오거나 나타나지 않으면 그냥 죽은 줄 알아."

물론 아내 입장에서는 듣는 것만으로도 무섭고 슬픈 말이겠지만, 반대로 그가 어떤 마음으로 하루하루를 살았는지 가장 잘 표현한 말이기도 하다.

'내가 못할 게 뭐야?, 깨지면 좀 어때! 또 하면 되지. 세상에 죽으란 법은 없잖아!'라는 말들 역시 야성이 드러나는 적나라한 표현일 수도 있다. 하지만 야성은 현실에 압도당해 숨 막히는 하루하루를 살아가는 청년들에게 반드시 필요한 요소이다. 그리고 이 야성을 잘 끌어내기만 하면 16번의 사업 실패에도 아랑곳하지 않고, 결국 17번째 사업에 성공한 전원태 대표의 경우처럼 '성공'이라는 이름의 달콤함을 맛볼 수 있게 될 것이다.

어떻게 야성을 기를 수 있을까? 방법은 두 가지이다. 하나는 절박하고 고통스러웠던 과거의 경험을 잊지 않는 것, 두 번째는 '몸으로 부딪쳐 시도해보는 것'이다.

전원태 대표가 계속 도전할 수 있었던 것은 바로 베트남전쟁에서의 경험을 잊지 않았기 때문이다. 인간이 느끼는 가장 극한의 고통인 죽음을 간접적으로 체험했던 그에게 현실의 위기 따위는 아무것도 아니었다. 누군가의 무시와 천대에도 불구하고 '전우는 죽었지만 나는 아직 살아있다' 는 사실이 새로운 희망을 품을 수 있게 만들어준 것이다.

또 그는 16번의 실패라는 쓰린 고통도 잊지 않았다. 어느 정도 사업이 안정적으로 운영되면서 자신처럼 사업에 실패해 파산하고, 결국 삶의 희망마저 잃은 창업자들이 다시 일어설 수 있도록 '재기중소기업개발원'을 설립해 지원하고 있다.

사실 치열하게 살아온 사람이라면 누구나 고통스러운 경험을 했을 것이다. 하지만 이렇게 깨지고, 실패하고, 수치스러웠던 순간들의 고통은 오히려 잠재되어 있던 야성을 꺼내는 계기가 되기도 한다. 다시는 그렇게 살지 않겠다는 의지가 야성을 깨워 다시 한 번 도전하게 만드는 것이다.

하지만 큰 어려움 없이 평탄하게 살아온 사람도 있다. 부모님의 보호 하에 부족한 것 없이 살아오고, 그래서 큰 좌절이나 고통 없이 살아온 사람도 있다. 이런 사람들의 야성을 끌어내기 위해서는 두 번째 방법, 즉 '몸으로 부딪쳐 직접 시도해보는 것'이다.

많은 청년들의 롤모델이 된 '국대떡볶이' 김상현 대표가 바로 야성을 몸으로 부딪쳐 깨운 경우이다. 이미 알려진 것처럼 그는 33세에 점포 80여 개를 거느린 프랜차이즈 대표이다. 그런 그가 처음부터 성공 신화를 썼던 것은 아니다.

그는 캐나다에 유학 갔을 때 부모님이 보내준 600만 원으로 다마스 한

대를 구입해 한인 상가들을 묶어 배달업을 시작했다. 편안하게 부모님에게 학비를 조달받으며 학업에만 전념할 수도 있었지만 현실에 안주하지 않고 부모님 몰래 배달업을 시작했고, 곧 망하고 만다. 하지만 그는 포기하지 않았다. 그 후 독특한 스타일의 운동화를 제작해 팔면서 작은 성공을 경험하게 되고, 그것을 밑천으로 국내에 들어와 '국대떡볶이'라는 브랜드로 재기에 성공하게 된다.

청년 장사꾼으로 알려진 김윤규 대표 역시 처음에는 '총각네 야채가게' 압구정점에서 점장으로 일하기 시작했다. 어떤 날은 하루 18시간씩 일하면서 힘들기도 했지만, 그곳에서 고객을 관리하는 법과 돈 버는 원리를 깨달았다. 대기업에 입사하지 않고 소규모 야채 가게에서 일하면서 오히려 자신의 열정, 즉 야성을 깨우게 된 것이다.

김상현 대표나 김윤규 대표의 공통점은 처음부터 안정을 추구하지 않고, 자신을 치열한 현장 속으로 몰아넣었다는 것이다. 그러면서 돈을 주고도 얻을 수 없는 값진 교훈과 뜨거운 야성을 얻었다.

승풍파랑乘風破浪이라는 고사성어가 있다. 먼 곳까지 부는 바람을 타 파도를 헤치며 배를 달린다는 의미이다. 결국 바람이 있어야 배를 움직일 수 있다는 말이다. 인간 역시 배와 다르지 않다. 몸을, 머리를 움직이게 만들려면 동력이 필요하기 때문이다. 그 동력은 앞서 말한 것처럼 야성이며, 야성을 깨우기 위해서는 한 번쯤은 특정 환경에 일부러 처하게 할 필요가 있다는 말이다.

야성이라는 말 자체가 '자연환경에서 살아남기 위한 거친 감성'이라는 뜻이다. 말 그대로 거칠고 힘든 환경에 놓여 있을 때 가장 잘 발달하는 것이 야성이라는 의미이기도 하다. 그러니 다소 불가능해 보일지라도 평소 해보고 싶었던 일을 시도해보는 것, 위험하고 어려운 상황을 직접 몸으로 겪을 수 있는 기회를 가짐으로써 숨어 있는 야성을 끌어낼 수 있음을 기억하자.

그 다음 필요한 것은 일어난 야성이 다시 잠들지 않도록 유지하는 것이다. 이것이 사실 야성을 깨우는 것보다 더 중요한 일이다.

멘티 중에 이명훈가명이라는 친구가 있다. 한 기업의 유통 사업부에서 일하고 있지만 지금 하는 일이 평소 꿈꾸던 일도 아니고 마음에 들지도 않는다고 한다. 그래도 아버지 없이 혼자 3남매를 키우느라 고생하신 어머니를 생각해서 열심히 직장에 다니고 있다. 이렇게만 보면 그는 현실에 순응해서 사는 것처럼 보인다. 하지만 그는 매주 주말을 활용해 가슴속의 야성을 꺼뜨리지 않기 위해 노력하고 있다. 미래에 창업을 결심하고 관련 분야의 친구들과 팀을 꾸려 스터디를 하거나 현장을 답사하면서 또 다른 준비를 해나가고 있다.

야성을 잃어버린 청년의 내면은 사막과 비슷하다. 더 이상 꿈과 희망이 자랄 수 없는 상태, 아직 살아가야 할 많은 날들이 남았음에도 그 모든 가능성이 말라비틀어진 상태이기 때문이다. 하지만 그 어떤 청년도 이렇게 살고 싶지는 않을 것이다. 그렇다면 필요한 것은 야성이다. 사막도 숲으로 만들 정도의 펄떡이는 야성으로 다시 한 번 현실에 맞부딪쳐 의지를 다져보는 것은 어떤가.

돈 벌면서 경험하는 직장 체험 프로그램

의외로 많은 구직자들이 사회생활, 직장 생활에 대한 두려움을 가지고 있다. 자신이 정말 회사에 잘 적응할 수 있을지 혹은 오래 견딜 수 있을지에 대한 불안 때문이다. 이렇게 마음속에 내재된 불안과 두려움은 취업을 가로막는 장애물이 될 수 있다. 하지만 막상 직접 체험해보면 이런 걱정과 불안이 기우에 불과했음을 알게 될 것이다. 직장을 선택하는 안목도 길러질 것이다. 또 이런 경험은 입사지원을 할 때 또 하나의 경쟁력이 될 수 있다.

고용노동부에서는 '청년강소기업체험(www.work.go.kr)'을 통해 청년 구직자들이 직장에서 직접 일해볼 수 있는 기회를 제공함으로써 미래를 개척하는 데 적지 않은 도움을 주고 있다. 돈을 들이지 않고 미리 직장 생활을 체험해볼 수 있다는 것은 야성을 깨우는 기회가 될 것이다. 참여 신청은 고용노동부 고용센터 및 위탁 기관을 통해 가능하다. 더 자세한 정보는 홈페이지에서 찾아 볼 수 있다.

청년강소기업체험

구 분	주요 내용
지원 대상	5,000명
사업 기간	약정체결일~2018. 2. 28까지
법적 지위	일경험 수련생(단, 실질적 근로에 해당할 경우에는 최저임금 이상 지급)
참여 기간	1~3개월 범위(3개월 이상은 정부지원 제외), 1일 3~8시간
참여 대상	대학(전문대 포함) 재학 중인 인문 · 사회 · 예체능계열 대학 2~3학년
운영 기관	5, 4년제 · 전문대학(고용노동부 사업공고를 통해 선정) 1,000명
체험 기업	고용보험가입 5인 이상 기업(5인 미만 벤처 가능), 공공 · 교육기관, 비영리법인 등
지원 내용	– 운영기관: 1인당 월 1만 원 ⇨ 재해보험 가입 등 – 기업: 학습프로그램 운영지원(1인당 월 40만 원), 관리자지원금 (1인당 월 7만 원) – 학생: 1인당 약 40만 원 + @ 지급 ＊ @금액은 대학의 재정여건 및 자치단체와 협약 등에 의해 자율매칭된 금액을 말함.
기 타	수료자에 대해 관할 고용센터장 명의의 수료증 발급

취업의 문을 여는 힘 3
긴장감과 순발력을 주는 최악의 상상

숨 막히는 현실에서 취업의 문을 여는 세 번째 방법은 상상이다. 전략적 사고와 가슴속의 야성을 흔들어 깨웠다면, 이제 상상을 통해 현재와 미래에 다가올 현실에 대응할 방법들을 세워야 한다. 이 대응책은 위기에서 당신을 구해줄 것이며, 어떤 상황에 처해도 이겨낼 수 있는 든든한 버팀목이 되기 때문이다.

그런데 왜 '상상'일까? 흔히 상상은 '현실'과는 아무 관련이 없거나 극히 일부분에만 연계되어 생각하기 쉽다. 상상은 말 그대로 실체가 없는 것으로 여겨지기 때문이다. 하지만 상상의 힘은 우리가 생각하는 것보다 훨씬 크다. 비록 눈에 보이지는 않더라도 우리가 이루고자 하는 목표에 다가가는 과정에 아주 강력한 영향을 미치고 있다.

'최악의 상상'으로 끊임없이 긴장을 유지하는 삼성과 애플

삼성그룹은 2013년 매출 228조 4,200억 원, 영업이익 36조 7,700억 원으로 역대 최고의 수익을 기록했다. 여기에서 '역대 최고'라는 말의 의미는 대한민국이 탄생한 후 기업이 낼 수 있는 성과 중 최고치를 말한다. 그런데 정작 삼성 내부의 분위기는 좋지 않다. 원래 목표했던 영업이익에 도달하지 못했기 때문이다. 게다가 객관적 기업 평가의 상징인 주가도 내리막길을 걷고 있고, 애플과의 특허 소송 등 현안을 포함한 애널리스트들의 미래 전망치도 '우울 모드'에 가깝다. 하지만 사람들은 이렇게 이야기한다.

"아무리 그래도 역대 최고치인데 축하할 만한 거 아닌가?"

하지만 그건 밖에서 삼성을 바라보는 사람들의 이야기일 뿐 삼성 내부의 분위기는 다르다. 학창 시절에 이런 경험이 있을 것이다. 늘 전교 1등 혹은 반에서 1등을 하던 학생이 시험을 망쳤다고 울고불고 난리를 친다. 그래서 정말로 시험을 못 봤다고 생각했지만, 정작 점수는 98점이다. 지난번에는 100점을 맞았는데, 이번에는 1개를 틀려서 98점이라고 울었다는 이야기를 듣고 허탈했던 경우가 있었을 것이다. 주변 친구들이 아무리 "야, 98점이라도 엄청 좋은 성적 아니야?"라고 말해도 소용이 없다. 그 학생에게는 예상치 못했던 '최악의 상황'이 닥친 것이기 때문이다. 남들이 보면 '배부른 소리'이지만…….

삼성은 '마누라랑 자식만 빼고 다 바꿔'라고 말할 때도 잘나가고 있었고, '비상 경영'이라며 이건희 회장이 직접 회사에 출근하는 모습을 보여주며 긴장감을 극대화했을 때도 잘나갔다. 그런데 영업이익 36조 원에 '대한민국 역대 최고'를 달성한 상황에서도 우울한 분위기 그 자체이다. 도대체 왜 이러는 걸까? 직원들에게 겁을 주기 위한 걸까? 잘나가고 있으면서도 "우리는 위기야"라고 으름장을 놓으면서 더 열심히 일하라고 독려하기 위해서일까?

이런 분위기는 애플도 마찬가지이다. 애플도 최근 몇 달간 '경영 위기'에 시달리고 있다. 그런데 애플의 현금 보유액 1,500억 달러약 163조 원가 넘는다. 우리나라의 외환 보유액이 약 3,000억 달러 정도이니 거의 절반에 해당하는 금액이다. 몇 년 동안은 수세적인 방어만 해도 충분히 회사를 운영할 수 있을 정도의 규모이다. 하지만 이것 역시 우리의 생각일 뿐이다.

애플과 삼성이 위기의식을 고취시키는 것은 그들이 늘 '최악의 상상', '자칫하면 우리도 망할 수 있다'는 가정을 늘 하기 때문이다. 36조 원에 달하는 영업이익을 올려도, 1,500억 달러에 달하는 현금을 보유하고 있어도 순식간에 망할 수 있다는 위기의식이 깔려 있다. 그리고 이는 언제 벌어질지 모르는 가까운 미래이기도 하다.

휴대전화 분야의 맹주라고 불러도 손색이 없을 정도였던 노키아가 한

순간에 무너진 것도, 필름과 카메라 왕국이었던 코닥이 무너진 것도, 얼마 전까지 절대로 따라잡지 못할 것 같았던 소니가 한동안 삼성전자 시가 총액의 10분의 1에 불과할 정도로 쇠퇴한 것도 모두 예측하기 어려울 만큼 변화가 빨라진 지금의 트렌드가 반영된 것이다.

실제로 지금은 우리나라가 TV와 스마트폰 시장에서 세계 1~2위를 다투고 있다. 하지만 사실 우리나라가 이렇게 세계적으로 1~2위를 한 적이 있었던가? 고속도로를 깔며 '잘 살아보세'를 외쳤던 것이 불과 수십 년 전의 이야기일 뿐이다. 그런데 지금 우리가 1~2위를 하고 있다는 것은 거꾸로 말하면 또 다른 어떤 나라 혹은 또 다른 어떤 기업이 순식간에 1~2위로 치고 올라올 수도 있다는 이야기이다. 우리가 그들을 뒤집었다면, 누군가가 우리를 뒤집을 수도 있다.

사실 이건 기업의 이야기만은 아니다. 한 개인의 삶에서도 마찬가지이다. 만약 당신이 잘나가는 상황이라면, 또 다른 누군가는 당신에게 밀려났다는 의미이다. 하지만 영광이 영원할 리가 없다. 언젠가는 또 다른 제3자에게 자리를 내주어야 하기 때문이다.

늘 '최악의 상상'을 해야 하는 것은 바로 이러한 이유 때문이다. 최고의 의미는 시간적으로 오로지 '지금의 상태'일 뿐이다. 냉정하게 보면, '미래의 최고'와는 아무 관련이 없다. 보통 '지금 잘나가면 앞으로 잘나갈 것이다'라고 생각하지만 이는 이미 장밋빛 환상일 뿐이다.

최악의 상상은 지금뿐 아니라 미래에도 '최고'로 남기 위해 사용하는 매우 유용한 방법이다. 아이러니하게도 '최악의 상상'을 하고 준비하는 사람들에게는 최악의 상황이 벌어지지 않기 때문이다. 오히려 실수를 줄이게 되고, 그럼으로써 '미래의 최고'가 될 수 있는 가능성은 높아진다.

긴장감은 변화에 민감하게 반응할 수 있는 순발력을 준다

최악의 상상을 하는 것의 또 다른 장점은 변화의 시기에 빠르게 자기 모습을 바꿀 수 있는 기회가 된다는 것이다. 사실 삼성은 애플이 스마트폰을 발표했을 때만 해도 사실 충격에 휩싸였다. 삼성 자체적으로는 생각하지도 못했던 아이폰에 세계인이 열광하는 모습을 보면서 '혁신이란 무엇인가?'라는 문제에 다시 한 번 생각해보게 되었기 때문이다. 통신기기 업계의 판도를 바꾼 애플의 아이폰은 그야말로 혁신이었고, 미처 생각하지 못했던 삼성은 제대로 한 방을 얻어 맞은 셈이기 때문이었다.

하지만 곧 '패스트 팔로워Fast Follower'가 되어 맹렬하게 추격해 결국 애플을 따라잡게 되었다. 그리고 몇 년 후 드디어 애플과 맞붙을 수 있는 체력을 지닌 세계 유일의 회사가 되었다.

삼성이 이렇게 빠르고 맹렬하게 추격할 수 있었던 원동력은 '통신기기 업계에서 퇴출당할 수 있다'는 최악이 상상을 했기 때문이다. 스마트폰 출시라는 업계 최초의 리더가 생기자 늘 최악의 상상을 하며 긴장하고 있던 삼성에게 충격으로 다가왔고, 민첩하게 대처해 쫓아갈 수 있었던 것이다.

하지만 노키아는 동일한 상황에서 적시에 올바른 대응을 하지 못했다. 패스트 팔로워조차 되지 못하고 사라지게 된 것이다. 당시 노키아를 지배했던 것은 '그렇게 빨리 스마트폰 유저가 늘지 않을 것이며, 그동안 준비해도 늦지 않을 것이다'라는 낙관이었다.

기업이 처한 환경과 각 개인이 처한 환경 자체는 거의 동일하다. 사람의 경우도 '삼성 같은 사람'이 있는가 하면 '노키아 같은 사람'이 있다. 끊임없이 주변을 응시하고 자신이 제대로 걸어가는지 확인하는 사람이 있는가 하면, 주어진 현실에 만족하고 현재의 상태가 지속적으로 이어질 것이라고 믿는 사람이 있다. 하지만 현실의 변화에 재빠르게 대응하지 않으면 결국 현실에 굴복하게 되고, 미래의 실패로 이어질 뿐이다.

'늘 내가 최악의 상황에 처할 수 있다'는 상상은 개인에게도 주어진 오늘을 미래의 성공으로 이끌어주는 힘을 가지고 있다. 그것은 불안과 근심이 가득 찬 삶을 살라는 것이 아니라 더 나은 삶에 대한 발전 동력을 가지고 계속 힘차게 전진하라는 의미이다. 이런 자세를 가진 사람이라면 어떤 위기에도 대비할 수 있는 플랜 B를 가지고 있을 것이며, 높은 긴장감으로 길러진 순발력으로 발 빠르게 자신을 변화시킬 수 있을 것이다.

취업 성공을 도와주는 CAP+(청년직업지도) 프로그램

CAP+ 프로그램은 'Career Assistance Program Plus'의 약자로, 이미 충분히 가능성을 가지고 있는 청년 취업준비생이 직업 진로 선택을 할 때 도움을 주는 프로그램이다. 취업 서류 작성 및 면접 기술 강화 등 구직 기술을 강화시킬 수 있으며, 이를 위해 진로와 자기 탐색, 의사 결정과 기업 탐색, 구직 서류 준비는 물론 면접 준비, 실전 모의면접, 취업 성공 요소의 분석과 취업준비생이 실천해야 할 행동 계획 수립까지 도와준다.

CAP+(청년직업지도) 프로그램

지원 대상	만 34세 이하의 취업 준비를 하고 있는 청년 구직자, 대학생
신청 방법	워크넷(www.work.go.kr) 또는 해당 고용센터를 통해 할 수 있다.
모집 인원	각 집단별 15명 내외
운영 기간	4일(총 24시간)

PART 2

미래의 꿈보다 오늘의 생·존

이 우선이다

선택보다
포기를 연습하라

성공의 자랑스러운 기회비용, 포기

현실을 살아가는 우리들에게 늘 고민거리를 안겨주는 상황이 있다. 바로 '선택의 갈림길'에 섰을 때다. 특히 이제 막 사회에 첫발을 내딛는 청년들에게 그 선택의 무게감은 확실히 부담으로 다가올 것이다. 하고 싶은 것도 많고, 되고 싶은 것도 많은데 무엇부터 선택해야 할지, 또 소중한 인생의 초반부를 어떻게 꾸며 나갈지에 대한 걱정도 많을 수밖에 없다. 그래서 선택의 기로에 선 청년들은 흔들림도 많고 '좋은 선택을 해야 한다'는 강박관념에 시달리기도 한다.

하지만 현실 공부를 막 시작한 청년들이 먼저 배워야 할 것은 아이러니하게도 '선택 잘하는 법'이 아니라 '제대로 포기할 줄 아는 법'이다. 그리고 '이것도 좋고 저것도 좋아'라는 모호한 태도가 아니라 '이것은 이래서, 저것은 저래서'라는 선택의 폭을 좁히는 제외가 필요하다. 이러한 포기와 제외는 최선의 선택을 하고, 새로운 선택에 대한 자신감을 갖기 위한 전제 조건이라고 할 수 있다.

짬짜면을 먹어본 적이 있을 것이다. 짜장면을 먹으려니 짬뽕이 당기고, 짬뽕을 선택하자니 짜장면이 당기는 것이다. 그런 사람들의 미묘한 갈등을 해결해주기 위해 등장한 메뉴가 바로 짬짜면이다. 그런데 실제로 먹어보면 어떤가? 아마도 생각만큼 맛있지는 않았을 것이다. 두 가지를 한꺼번에 먹으니 이 맛도 저 맛도 아닌 건 당연하다. 생각으로는 맛있을 것 같지만 막상 먹어보면 그렇지도 않은 메뉴가 바로 짬짜면이다.

그렇다면 어떻게 해야 할까? 눈 딱 감고 하나를 선택해야 한다. 칼칼한 국물의 유혹을 포기하고 짜장면을 시키든지, 감칠맛 나는 짜장면의 매력을 포기하고 얼큰한 짬뽕을 선택해야 한다. 비록 마음속에 아쉬움이 남을지는 몰라도 뭔가 하나라도 제대로 맛을 즐기기 위해서는 '포기와 제외'가 반드시 필요하다.

무엇보다 생존권 확보가 최우선 과제

'한계효용 체감의 법칙'이라는 말을 들어본 적이 있을 것이다. '한계효용'이란 재화나 서비스를 하나 더 이용할 때 각자가 느끼는 만족감효용을 말한다. 무더운 여름날 달콤한 팥빙수 한 그릇을 먹으면 그 만족감은 극대화된다. 그런데 만약 두 그릇, 세 그릇, 네 그릇이 당신에게 제공된다면 어떨까? 나중에는 만족감이 아니라 더 이상 못 먹겠다며 불쾌감을 표시할 것이다. 결국 만족감이 체감되는 결과를 초래한다. 즉 더 많은 팥빙수가 제공되면 될수록 만족감은 계속 떨어지게 된다.

그렇다면 정반대로 만족감이 최고치에 이르는 것은 언제일까? 바로 팥빙수를 먹기 직전이다. 팥빙수 가게를 발견했을 때, 팥빙수를 주문할 때, 종업원이 팥빙수를 들고 내 테이블로 향하는 순간 한계효용은 최고치에 달한다. 그리고 그것을 먹기 시작하는 순간 만족도는 서서히 떨어진다.

짬짜면도 마찬가지이다. '짬뽕을 고를까, 짜장면을 고를까?'라는 행복한 고민을 할 때 한계효용은 극대화된다. 둘 다 맛있을 것 같고, 하나를 포기하고 싶지 않은 것이다. 하지만 현실에서는 짬짜면을 통해 이를 해결할 수 있을지 몰라도 자신의 인생을 짬짜면으로 만들 수는 없다.

청년들의 방황은 여기에서 시작된다. 아직 하나를 선택하지 않았기 때문에 둘 다 가지고 싶고, 다른 하나를 포기하면 인생에서 굉장히 큰 손해를 볼 것 같은 심리적인 현상이 발생하게 되는 것이다.

이때 어떤 새를 잡아야 하는지 망설이다가 결국 두 마리 모두 놓치게 되는 우를 범하게 될 수 있다. 더운 여름날 바닐라와 초코 아이스크림을 사서 두 손에 쥐고 가다가 결국 다 녹아버려 먹지도 못하고 손만 더러워지는 것처럼 우리 인생에서도 과감하게 하나를 포기할 수 있는 용기가 필요하다.

하지만 요즘 청년들은 뭔가 하나를 포기하지 못해 망설이고, 망설이는 순간 시간이 지나감에 불안해하고, 또다시 선택을 하지 못하는 경우가 많다. 이는 포기하는 법을 배우지 못하고, 더 좋은 선택을 하는 법만 학습해온 요즘 청년들의 안타까운 현실이다.

나도 학창 시절에 포기하거나 지는 법을 배워본 기억이 없다. 한정된 자원의 극심한 경쟁 속에서 오로지 승리하는 법만 배웠고, 그를 통해 공부도 잘하고 운동도 잘하는 등 다방면에 걸쳐 모든 것을 잘하는 슈퍼맨이 되기를 꿈꿨다.

우리 청년들도 수없이 "포기하지 말라"는 이야기를 듣고 성장했을 것이다. 틀린 말은 아니다. 실제로 자신이 걸어가는 길에서 위험과 난관이 있더라도 쉽게 포기해서는 안 된다. 하지만 바로 여기에서 중요한 것이 '냉엄한 현실'이다. 감당해야 할 현실이 없다면 포기할 필요도 없다. 그저 도전만 해도 되기 때문이다.

하지만 청년들에게 주어진 시간이 한정돼 있다는 한계, 그리고 곧 그들도 나이가 든다는 사실, 자립할 시기가 되면 먹고살아야 한다는 현실 등 인생을 살면서 필수적으로 따라오는 것들이 있기 때문에 계속 도전만

하고 살 수는 없다. 이 모든 것을 감안하지 않은 채 무작정 포기하지 말라고 하는 것은 결국 다른 모든 것을 포기해야 하는 결과를 초래할 뿐이다.

현실을 냉철히 분석하고 감안해 선택과 집중을 하는 것은 꿈에 대한 포기가 아니라 우선 스스로 살아가는 힘, 자생력을 확보하는 일이다. 자생력을 갖지 못한 채 계속 도전만 하겠다는 것은 그 자체로 자신의 인생에 대한 직무 유기이자, 안타까운 시간을 낭비하는 일에 불과하다. 벼랑 끝에서 필요한 것은 '절대 포기하지 않는 정신'과 '물러서는 지혜'도 중요하지만 상황에 따라서는 자신의 안전을 확보하는 일이 최우선 과제가 될 때도 있는 것이다.

또 다른 기회는 결국 살아남은 자에게 주어지는 것이다. 갈피를 잡지 못해 방황하는 사람에게는 기회 자체가 주어지지 않는다. 지금 자신이 '가능성 있는 도전'의 길을 걸어가고 있는지 되돌아볼 필요가 있다. 만약 짬짜면처럼 어정쩡한 수준에 머물러 있다면 아쉬워도 하나를 포기해야 한다. 그래야만 자신의 인생을 바꿀 수 있으며, 또 다른 기회를 얻어낼 수 있기 때문이다.

실전 직장 생활법을 알려주는 allA(청년진로역량강화) 프로그램

청년 중 특히 오랜 실직이나 취업 실패로 인해 취업 의욕이 꺾이고 자신감이 낮아진 청년들을 위해 개발된 프로그램이다. '올라'는 '오르다'는 뜻으로 희망적인 메시지를 담고 있다. 특히 자기 자신을 잘 파악하지 못해 구직에 실패한 사람들이나, 인간 관계 맺기에 서툴거나 힘들어하는 사람들에게 구체적인 구직 방법은 물론, 방향까지 스스로 찾을 수 있게 해준다. 결국 직장 생활에 필요한 의사소통과 대인 관계, 협력적 문제 해결에 관련된 능력을 길러주는 프로그램이다.

allA(청년진로역량강화) 프로그램

지원 대상	취업 성공 패키지에 참여하는 청년들이 우선 참가 대상
신청 방법	워크넷(www.work.go.kr) 또는 해당 고용센터를 통해 할 수 있다.
모집 인원	각 집단별 10~15명의 소그룹으로 구성
운영 기간	1회 4일간 하루 6시간씩 진행(총 24시간)
활동 내용	신체 활동, 게임, 표현하기 등이 결합된 흥미롭고 활동적인 프로그램으로 진행자와 참가자 간의 밀접한 교류를 통해 의사소통 방법은 물론 대인 관계 맺는 법 등을 배울 수 있다.

시간이 흐를수록
경쟁자는 더 늘어난다

주식 용어 중에 '로스컷Loss-Cut'이라는 말이 있다. 우리말로는 '손절매'라는 의미이다. 앞으로도 큰 반등의 기미가 보이지 않는다면 당장의 손해를 감수하고서라도 재빨리 주식을 파는 것을 말한다. 하지만 여기에는 하나의 맹점이 있다. 그 누구도 반등이 있을지 없을지 미래를 정확하게 예측하기 힘들다는 점이다. 그런 점에서 로스컷은 미래의 이익을 사전에 포기하는 행위처럼 보이기도 한다.

다시 정리해보면, 로스컷을 하지 않을 경우에는 두 가지 경우의 수가 생긴다. 첫 번째는 반등을 통해 이제까지의 손해를 만회하고 이익을 얻는 것, 두 번째는 더 큰 손해를 보는 것이다. 로스컷을 했을 경우 더 큰 이익을 얻지는 못하더라도 최소한 손해를 크게 보지는 않는다. 결국 로스컷은 '미래의 이익'보다는 '현재의 손해'에 초점을 맞춰 더 큰 손해를 볼 수 있다는 불안에서 탈출하고, 스스로를 안정된 상태로 되돌려놓아 다시 균형을 잡는 것을 의미한다.

꿈을 위해 모든 것을 걸 필요는 없다

로스컷의 원리는 사실 인생의 전개 양상과 비슷하다. 사람은 늘 현재와 미래를 살아가며 그 선상에는 이익과 손해가 공존한다. 어떤 시점에서 손해를 줄이고 이익을 극대화시키기 위한 판단이 필요한 것도 주식과 크게 다르지 않다. 물론 로스컷을 '배짱 없는 행동'이라고 볼 수도 있다. 과감하게 투자하고 기다리면서 반등을 기다리는 것이 더 나은 행위일 수도 있기 때문이다.

하지만 문제는 지금 현재 자신이 처한 상황이다. 든든한 투자금과 넉넉한 시간을 가지고 오랜 시간 견디면서 설사 손해를 보더라도 자체적으로 만회할 수 있다면 별 문제는 없다. 한 번쯤 로스컷을 배제한 채 과감하게 기다릴 수 있다는 말이다. 그런데 만약 본인이 처한 상황이 전혀 그렇지 않다면 어떻게 해야 할까? 당장의 손해로 위기가 닥칠 수 있다면 미래의 불투명한 이익보다 현재의 안전을 추구하는 것이 더 현명한 행동일 것이다.

그렇다면 우리 청년들에게 로스컷이란 어떤 의미이며, 또 어떻게 활용할 수 있을까?

사실 로스컷이란 상황이 불안정하고 변화의 가능성이 많을 때 필요한 것이다. 주식시장이 안정적이고 충분히 예측 가능하다면 로스컷이라는 것 자체가 의미가 없다. 청년들이 지금 처한 현실도 마찬가지이다. 어느 정도의 예측 가능성이 있고 큰 변화가 없다면, 굳이 현재와 미래의 손해와 이익을 따질 필요가 없는 것이다. 하지만 모두 알고 있듯이 지금은 불안정하며 변화의 요인이 너무 많다. 이때 청년들이 반드시 알아야 하는 개념이 바로 자신의 꿈과 희망에 대한 로스컷이다.

멘토링 멤버 중에 이재훈 30세 이라는 멘티가 있다. 남자가 보기에도 잘생기고 덩치도 큰 친구였지만 수줍음이 많았다. 노래방에서 자신 있게 노래 한 곡도 부르지 못하는 정도였다. 하지만 곧 굴지의 대기업 계열 유통 회사에 입사할 수 있었다. 그런데 1년 정도를 열심히 일하는 것 같더니 어느 날인가부터 멘토링 모임에서 얼굴을 보이지 않았다. 그러던 중 상담을 요청해왔다. 다니던 회사를 그만두고 대학 시절부터 하고 싶었던 일을 시작하면 어떻겠냐는 것이었다.

수줍음이 많아 혼자만의 시간을 가지면서 아이디어를 기획하는 것을 좋아하는 그는 제대로 된 개발자 동료를 만나 IT 소프트웨어 개발 회사를 창업하고 싶다고 했다. 나는 어려운 경기 상황과 입사 1년 만에 완벽한 준비 없이 퇴사해 창업하는 것에 대한 리스크 등을 강조했다. 또한 평소 하고 싶었던 일을 동경하는 것은 좋지만 지금 같은 시기에는 일단 제대로 경력부터 쌓고, 좀 더 확실하게 준비를 해서 차근차근 단계별로 창업에 도전하라고 이야기해주었다. 하지만 그는 결국 퇴사하고 말았다.

그 후 다시 멘토링 정기 모임에서 만났을 때에는 작은 IT 소프트웨어 개발 업체를 운영하고 있다고 했다. 학창 시절 창업 동아리에 속해 활동하며 각종 공모전에서 수상하는 등의 경험이 너무 좋았고, 마침 같은 회사에 비슷한 업종을 창업하고 싶어 하던 친구와 전세금을 빼서 소규모 사업자를 대상으로 한 스마트폰 마케팅 어플리케이션 개발 회사를 차린 것이다.

하지만 아쉽게도 사업은 그리 오래가지 못했다. 초창기에는 개발 직원을 7명이나 두고 밤낮없이 일했지만 트렌드를 제대로 읽지 못해 결국 문을 닫게 된 것이다.

1년 후 그를 다시 만났을 때에는 주저주저하면서 바뀐 명함을 내밀었다. 한 소형 IT 벤처 기업에 기획자로 취직했다는 것이다. 껄끄러워 할까 봐 구체적인 상황을 묻지는 않았지만, 자신의 회사에 대해 자신 있게 설명하지 못하는 것을 보니 그 역시 잘되는 일 같지는 않아 보였다. 역시 그 이후 여전히 하고 싶은 일에 대한 이상과 현실 사이에서 그가 방황한다는 이야기를 주변 친구들을 통해서 들을 수 있었다.

이재훈이라는 친구가 보여주었던 선택의 경로는 두 가지로 해석할 수 있다. 하나는 자신이 좋아하는 일, 가능성 있는 일을 위해 끊임없이 투자하고 변화를 시도했다는 점이다. 특히 대기업 계열의 유통 회사라는 안정적인 직장에서 과감하게 벗어날 수 있었다는 점에서 그 도전 정신이나 용기에 높은 점수를 줄 수도 있다.

하지만 충분히 준비되지 않은 상황에서 지나치게 꿈과 가능성만 좇아 스스로의 상황을 더 악화시켰다고도 볼 수 있다. 남들이 부러워하는 대기업 계열의 유통 회사에서 성급히 퇴사한 것도 그렇고, 어느 한 분야에 정착해 지속적으로 전문성을 키우지 못한 것도 마찬가지이다.

좋아하는 것보다 잘하는 것을 먼저 하라

내가 멘토링 활동이나 각종 특강을 통해 가장 많이 받는 질문 가운데 하나가 "좋아하는 것, 하고 싶은 것을 해야 하나요? 아니면 잘하는 것을 해야 하나요?"이다. 이미 많은 명사들이 좋아하는 것을 하라고 조언하는 것을 보아왔지만, 나는 단호하게 잘한다고 생각하는 것을 하라고 권한다.

청년기에는 좋아하거나 하고 싶은 것이 워낙 많기도 하고 수시로 변하기도 한다. 오히려 상대적 강점이 있는 일을 지속적으로 하다보면 잘한다고 칭찬받게 되고, 칭찬이 쌓이다보면 결국 좋아하게 되기도 하며, 자신만의 필살기가 되기도 한다. 즉 다소 추상적인 좋아하는 것보다는 좀더 구체적이고 상대적 강점이 있는 일을 할 때 현실에서 자신의 미래를 공고하게 해줄 '솔루션'이 된다는 것이다.

우리 시대의 많은 멘토들은 꿈을 추구하라고 말한다. 너무나 당연한 말이다. 하지만 꿈만 보지 말고 자신을 둘러싼 현실도 냉철하게 분석하고 염두에 두어야 한다. 꿈을 추구하는 것은 미래에 대해 투자를 의미하기 때문이다.

주식은 한정된 돈으로 더 큰 이익을 창출하기 위해 위험을 감수하고 투자하는 것이다. 마찬가지로 꿈을 추구하는 것은 현재와 미래를 담보로 자신이 원하는 인생을 위해 투자하는 것이다. 하지만 그 꿈을 자신이 세운 계획대로 추진해 나가기에는 결코 호락호락하지 않다. 된다는, 할 수 있다는 자신감만, 가능성만 믿고 "돌격 앞으로"를 외치기에는 꿈을 추구하는 것 자체가 미래에 치명적인 타격이 될 수도 있다는 말이다.

이러한 상황을 스스로 막기 위해서는 꿈과 희망에 대해서 어느 정도 로스컷을 해야 한다. 냉정하게 현재 자신을 둘러싼 주변 환경과 상황을 면밀히 체크하면서 불안정한 상태가 지속된다면 하루 빨리 꿈과 가능성에 대한 로스컷을 할 필요가 있다.

두 발 전진을 위한 한 발 후퇴, 로스컷

로스컷을 하지 않았을 때 가장 큰 손해로 다가오는 것은 바로 '시간'이다. 어느 정도 자리를 잡은 중장년층에서는 1년이라는 시간이 큰 손해로 다가오지 않을 수 있다. 이제까지 쌓아온 네트워크와 성과가 갑자기 퇴색되지는 않기 때문이다. 하지만 이제 취업 시장에 진출해야 하는 구직자의 입장에서 1년이라는 시간은 정말 중요하다.

1년에 취업 시장에 몰려나오는 사람은 50만 명이다. 만약 취업을 못하고 1년을 보냈다면 또다시 50만 명의 경쟁자가 누적되어 나타나는 것이다. 물론 그들 모두 동일한 업종에서 경쟁자가 되지는 않겠지만, 최소한 수만 명은 나와 동일한 목표를 이루려고 할 수도 있다.

만약 이미 회사에 취직해 열심히 일하고 있더라도 충분히 준비하지 않은 상태에서 가능성만 믿고 막연하게 꿈을 추구하는 것 역시 위험하다. 이때 필요한 것이 바로 꿈과 희망에 대한 적절한 로스컷이다. 그렇다고 직장인은 꿈을 꾸지 말라는 것도, 현실을 비관하라는 것도, 항상 자기 자리에 머물러 있으라는 것도 아니다. 로스컷을 하는 가장 본질적인 이유는 다음을 기약하기 위함이기 때문이다.

손해를 보기 위해서, 좌절하기 위해서 로스컷을 하는 것이 아니다. 안정된 상태에서 꿈을 이루기 위해 충분히 준비하기 위해서 시간을 가지라는 의미이다. 그리고 나서 스타트라인에 서도 늦지 않다는 것을 말하고 싶은 것이다. 당장 조급한 마음에 무리하게 사업을 진행하면 지금 가진 것은 물론 다음 기회를 노리는 것도 불가능해진다. '두 발 전진을 위한 한 발 후퇴', 바로 이것이 꿈을 로스컷하는 진짜 이유이다.

최근 채용 트렌드에 맞춘 취업 역량 강화 서비스

최근 스펙보다는 능력과 역량을 중시하는 채용 풍토가 확산되고 있다. 과감하게 로스컷과 동시에 자신의 취업 역량을 더욱 강화해줄 교육을 받아보는 것은 어떨까?

현재 정부에서는 대졸(예정) 청년 구직자들을 대상으로 자신에게 적합한 산업 및 기업과 직무를 탐색하고, 이에 부응하는 구직 기술을 익히는 '청년취업역량 프로그램'을 제공하고 있다. 34세 이하의 청년층을 대상으로 집중적인 워크숍의 형태로 진행되며, 이를 통해 실질적인 취업 역량을 강화하는 것을 목적으로 하고 있다.

청년취업역량 프로그램

지원 대상	만 34세 이하의 청년층 취업준비생 *단, 고졸(예정) 신규 취업준비자는 Hi 프로그램을, 대졸(예정) 신규 취업준비자는 CAP+프로그램에 우선 참가하는 것을 권고하고 있다.
신청 방법	워크넷(www.work.go.kr) 또는 해당 지역 고용센터를 통하면 된다.
모집 인원	각 집단별 15명 내외
운영 기간	4일(총 24시간)

예를 들어 ▲ 기업의 채용 인재에 대한 요구 역량 사례 분석 ▲ 취업자 사례 분석을 통한 요구 역량 탐색 ▲ 공통 역량과 직무 역량 이해 ▲ 역량 기반 지원서의 특징과 작성 원칙 이해 ▲ 역량 기반 지원서 클리닉은 물론이고, 모의 면접까지 진행하며 프로그램의 종료 시점에서는 자신을 되돌아보면서 그간 얼마나 성장했는지 함께 체크해볼 수 있다.

취업은 꿈을 이루는
수단일 뿐이다

아주 간단해 보이지만 많은 청년들이 잘못 생각하는 것이 있다. 그것은 모든 이들이 가진 '꿈'에 대한 질문이다. 특히 청년들은 가장 많은 꿈을 꾸고 자신의 미래를 생각할 때라서 이러한 실수와 혼란이 더욱 많다. 그런데 문제는 이것이 그저 단순한 실수나 혼란은 아니라는 것이다. 궁극적으로는 인생의 방향 설정 자체가 잘못된 것이고, 이는 청년들의 미래 설계에도 큰 방해가 되고 있다.

청년들에게 "네 꿈이 뭐냐"고 물어보면 대개 세 부류로 답한다. 전체의 70%는 직업을 이야기한다. "저는 의사가 되고 싶어요." "저는 대기업에 다니는 직장인이요." "저는 영업맨이 되고 싶어요." 그리고 놀랍게도 나머지 20%는 직접적으로 직장을 이야기한다. "저는 삼성생명에 들어가고 당신의 꿈은 대기업이라는 '직장'인가?
그렇다면 당신의 꿈은 한 방에 사라질 수도 있다!

지난 23년간 사라진 재계 30위권 대기업 ··· 15개
지난 20년간 사라진 46위권 초우량 기업 ··· 40개
지난 30년간 사라진 500대 기업 ··· 165개

싶어요." "저는 SK에 들어가고 싶어요." 오랜 시간 미래에 대한 설계와 꿈을 논의하고 공유해온 멘티들도 예외는 아니다.

어려운 경제 환경이 지속되면서 청년들의 형이상학적인 꿈과 현실적인 바람이 합체되어버린 작금의 현실을 십분 감안하더라도 이러한 대답은 뭔가 이상하리라. 마치 "지금 어디로 여행을 가고 있나요?"라는 질문에 "저는 비행기를 타고 갈 거예요"라고 대답하는 것과 마찬가지이기 때문이다. '어디로' 가는지를 물었지만, 청년들은 '무엇을 타고 가는지'를 말한다. 이는 꿈과 취업에 대한 개념을 혼돈하고 있기 때문이다.

직장이 망하면 꿈도 사라진다

단순한 말장난이나 언어유희쯤으로 치부하기에는 꿈과 직업 혹은 꿈과

직장은 너무나 다른 이야기이다. 직업이나 직장은 꿈이나 목표를 이루기 위한 수단이나 과정임에도 마치 그것 자체가 꿈이라고 잘못 생각하는 것이다. 여행은 특정 장소에 가서 여유와 자유로움을 느끼는 것이지 '무엇을 타고 가는지'와는 아무 상관이 없다. 만약 정말로 그 직장, 그 대기업이 인생의 꿈이라면, 그 직장이 망하면 당신의 꿈도 망하는 것인가? 최근에만 해도 재계 서열 20위였던 웅진그룹이 법정 관리에 들어갔고, 공기업을 제외한 대기업 순위 10위권에 이르던 STX그룹도 마찬가지의 상황이 되었다. 그렇다면 과거에 "웅진그룹이 꿈이에요" 혹은 "STX그룹에 들어가는 게 꿈이에요"라고 말했던 사람들은 자신들의 꿈마저 법정 관리에 맡겨지게 된 것인가?

자신이 원하는 기업에 입사하는 것으로 진짜 꿈으로 여기고 살아왔다면, 이는 대부분 이루어질 수 없는 허황된 것에 불과하다. 실제로 지난 23년간 재계 30위의 그룹 중 절반이 흔적도 없이 사라졌다. 한때 재계 2위였던 대우그룹은 물론이고, 쌍용그룹, 한보그룹, 진로그룹, 해태그룹이 간판을 내렸다. 우리나라뿐만 아니라 전 세계 기업의 평균 수명은 13년에 불과하고, 1970년대에 세계적인 경제 잡지인 〈포춘〉이 선정한 500대 기업 중에서도 33%가 사라졌다.

이뿐만 아니라 1980년대 초반에 '초우량 기업'으로 칭송받던 46개의 기업 중 40개의 기업이 사라져버리고, 남은 것은 6개에 불과하다. 거시적인 관점에서 봤을 때 직장과 직업이 정말로 꿈이라면 그 꿈은 상당수 이뤄지지 않을 가능성이 높다. 모든 기업이 언젠가는 망한다는 것은 가설이 아니라 만고의 진리이고, 지금은 더욱 빠르게 기업들의 흥망성쇠가 결정되는 시대이기 때문이다.

꿈은 자신이 어떤 삶을 희망하는지 설정하는 일이다. 직업과 직장이 아닌 개별적인 삶을 통해 무엇을 이루고 싶은지, 어떻게 살아가고 싶은지가 꿈이다. 직장이나 직업은 바로 이러한 꿈을 이루기 위한 하나의 과정이나 수단에 불과할 뿐이다.

더 큰 문제는 이렇게 직업이나 직장 자체를 꿈으로 설정하는 우를 범한 후에 부조화스러운 현실에 쉽게 적응한 후 마음에 들지 않는다며 계속 직장을 바꾸는 것조차 자연스럽게 여기는 풍조 또한 만연하게 되었다는 점이다. 이는 막상 들어간 회사가 만족스럽지 못하면 자신의 꿈도 이뤄지지 않았다고 생각하기 때문이다. 따라서 자신의 꿈을 이루기 위해서는 계속 회사를 옮기는 수밖에 없다. 그러다 보니 전문적인 경력을 쌓지 못하고 방황하며 아까운 시간만 허비하고 만다.

평소 리더십이 뛰어났던 멘티 최석훈가명 씨는 수도권 명문 대학을 나오고 문화 · 엔터테인먼트 그룹으로 잘 알려진 D 대기업의 문화마케팅 파트에 근무하고 있었다. 그러다 입사 1년 만에 회사를 그만두고 운 좋게도 국내 굴지의 철강 제조 · 수출 업체인 P 대기업의 수출 파트에 다시 입사했다. 그런데 얼마 지나지 않아 그가 나에게 조언을 구해왔다. 지금 다니는 회사도 그만두고 싶다는 것이었다. 남들은 들어가고 싶어도 못 들어가는 굴지의 대기업에 다니면서도 또다시 회사를 그만두려고 하는 이유가 궁금했다. 하지만 답은 의외로 간단했다.

"제가 원했던 일은 전략 기획 업무인데 계속 영업 쪽으로만 돌리려고 하고, 이에 대해 교체해줄 것을 정중히 건의했으나 신경 써주지 않는 회사가 마음에 들지 않아요. 철강 영업은 제가 원했던 일이 아니에요."

과연 회사를 마음에 쏙 들어 하며 다니는 직장인이 몇 명 정도나 있을까? "우리 회사는 정말 최고야!"라며 엄지손가락을 자신 있게 들 수 있는 사람은 또 몇 명 정도일까?

하지만 그럼에도 대부분의 직장인들은 자신이 처한 현실에 만족하려 하고, 그 현실을 통해서 새로운 도약을 꿈꾸곤 한다. 이는 직장인들이 비굴하기 때문도 아니고 참을성이 엄청나게 많아서도 아니다. 회사가 그들의 궁극적인 목표가 아니기 때문이다.

평소 빼어난 리더십과 정확한 상황 판단 능력을 보여주었던 최석훈 씨가 이렇게 회사를 자주 옮기려고 하는 것도 자신의 최종적인 꿈과 그 꿈으로 향하는 현실적인 수단인 회사를 혼동했기 때문이다. 성취 동기도 다른 경쟁자들에 비해 월등히 높았던 그에게는 회사 자체가 자신의 꿈이었던 것이다. 회사가 마음에 들지 않으면 자신의 꿈을 성취하지 못한 셈이었다. 그러니 자신의 꿈을 이루기 위해서는 '내 마음에 꼭 드는 회사'를 선택해야 한다고 생각할 수밖에 없다. 하지만 세상에 그런 회사는 존재하지 않는다. 사람이 모이는 곳에는 언제나 갈등이 도사리고 있으니까 결과적으로 그는 자신의 '꿈'을 이루기 위해서는 계속해서 회사를 옮겨야 하는 운명에 처하게 된다.

이로 인한 부작용은 고스란히 자신에게 되돌아간다. 회사를 자주 옮기니 전문성을 쌓지도 못했고, 커리어는 계속 꼬여만 가고 성실성과 책임감은 의심받을 수밖에 없게 된다. 그러나 무엇보다 더 큰 문제는 겸손하게 자신을 돌아보고 가치나 꿈, 수단이나 과정에 대한 시각을 재정립하지 않는 한 '자신에게 꼭 맞는 꿈'을 찾을 가능성은 거의 없다는 점이다.

SKY 법대 출신의 현명한 선택

이에 반해 꿈과 그 꿈을 이루기 위한 과정을 명확하게 분리하고, 그 과정을 차분하게 준비하는 친구를 우연히 만날 기회가 있었다. 지방의 어느 회사에 강연을 하기 위해 내려갔다가 만난 직원이었다.

시화공단의 한 중소기업 법무팀에서 일하는 이지영(가명) 주임은 무척 밝고 유쾌한 친구였다. 그런데 놀라운 것은 그녀가 흔히 말하는 'SKY대 법학과 출신'이라는 점이었다. 처음에는 꽤 의아했다. SKY 법대 출신이면 내로라하는 회사에 입사하는 것이 대부분의 현실인데, 그녀는 왜 시화공단의 중소기업에서 일하고 있을까? 그런데 그녀의 이야기를 들은 후 오히려 그녀가 살아가는 방식에 박수 쳐주지 않을 수 없었다.

사실 그녀의 친구들은 대부분 고시를 준비하거나 고시에 합격해서 판사나 변호사의 길을 걷고 있었다. 그게 아니면 고시에 합격한 후 대기업 법무팀에 들어갈 준비를 했다. 그녀의 입장에서는 자신이 조그만 중소기업에서 일하는 것이 무척 자존심 상하는 일이기도 했을 것이다. 그렇다고 해서 그녀가 고시에 자신이 없거나 친구들보다 불성실한 것은 아니었다. 그녀는 누구보다 열심히 공부했으며 자신의 삶에 대한 애정도 강했다. 하지만 가난이라는 현실이 그녀의 발목을 잡았다.

강원도 오지에서 농사를 지으시는 부모님의 경제적인 상황으로 고시 공부에만 전념하도록 할 수 없는 상황이었다. 그래서 그녀는 자신에게 주어진 환경에서 가장 현실적인 방법으로 일과 공부를 병행할 수 있는 중소기업 법무팀을 선택했다. 그리고 그곳에서 스스로 살아갈 힘과 배경을 만들면서 나중에 로스쿨을 통해 법조계에 들어갈 목표를 세웠다. 특히 회사에서 모든 식사를 제공하고 기숙사까지 마련해주었기 때문에 그녀는 거의 모든 월급을 온전히 저축할 수 있었다고 한다. 단지 도심과 떨어져 있어 친구를 자주 만날 기회가 없지만, 사실 그것마저도 그녀에게는 오히려 좋은 조건이었다. 그만큼 자신의 공부에 열중할 수 있는 시간이 많아진 셈이니까 말이다.

나이는 어렸지만 그녀가 품은 꿈과 그녀를 둘러싼 주위 환경을 감안해봤을 때 정말로 현명한 선택이었다. 그녀의 꿈은 여전히 법조계에서 자신의 이상을 펼치는 것이지만, 현실을 감안해 자신에게 가장 적절한 수단과 방법을 통해 자신의 꿈을 향해 나아가고 있었다.

이제 자신의 꿈을 다시 생각해보고 좀 더 정확하게 설정하는 것은 어떨까? 꿈은 '어떻게 살 것인지'를 결정하는 것이다. '무엇을 할 것인지'는 수많은 방법 중의 하나에 불과하다. 이를 명확하게 분리하고 자신의 꿈 자체를 새롭게 설정할 필요가 있다. 그리고 그 꿈을 향해 어떤 수단과 방법을 활용할지 생각해보자. "어디로 가세요?"라고 물을 때는 '무엇을 타고 가는지'를 말하지 말고 정말로 '어디로' 가는지를 이야기하자.

이것이 명확하게 정리되지 않는다면 회사를 다녀도 방황할 뿐이며, 끊임없이 직장 생활에 대한 불만을 토로할 수밖에 없다. 그리고 그런 직장 생활이 성공할 확률은 극히 낮을 수밖에 없다. 그뿐만 아니라 직장, 회사가 정말로 자신의 꿈이라면 입사하는 순간 자신의 꿈도 멈출 수 있다는 것을 명심하자.

꿈이나 목표와 수단 혹은 과정을 분리하는 것에서부터 새 출발을 해보자. 바로 여기에서부터 우리 청년들이 세상을 정확하게 바라보는 안목이 형성될 것이며 어떤 직장을 선택할지, 그리고 어떻게 직장 생활을 할지 결정될 것이다.

기술·기능인재로 성장하기 위한 취업 필살기

국가에서는 중요 산업 분야에서 필요로 하는 우수한 청년인력을 길러내기 위해 3개월 이상의 중·장기 훈련을 무료로 실시하고 있다(국가기간·전략산업 직종 훈련 프로그램).

금속·기계·동력·전자 등 우리나라 중요 산업 분야에 취업하거나 관련 분야 창업에 필요한 직업 훈련 과정을 수시 운영하고 있다.

훈련 직종으로는 BIM(Building Information Modeling), 네트워크 운영관리, 디지털디자인, 정보시스템 구축, 스포츠마케팅, 물류관리, 생산시스템, 태양광 발전설비, 자동차 정비 등이 있다.

대상에게는 훈련비 전액 지원과 매월 216,000원~416,000원의 훈련장려금도 지급(단, 출석률 80% 이상)한다. 다만, 실업급여를 수급하였거나 소득활동을 한 경우 등에는 훈련장려금이 감액될 수 있고 지급되지 않을 수 있으니 유의하기 바란다.

다음 대상자 중에서 직업훈련이 필요한 경우 참여 가능하다.

현재 미취업 상태인 만 15세 이상 구직신청자로 소속 학교의 장으로부터 훈련 필요성을 인정받은 고등학교 3학년 재학생이나 다음 연도 9월 1일 이전 졸업이 예정되어 있는 대학(교) 최종 학년 재학생이 대상이다.

운영기관, 개설시기, 훈련과목, 수준 등이 다를 수 있으니 고용센터를 방문하기 전에 HRD-Net(www.hrd.go.kr)에서 '취업 희망 분야와 관련 있는 과정이 있는지, 원하는 수준의 기술·기능 습득이 가능한지, 가까운 곳에 훈련기관이 있는지' 등을 먼저 검색해보는 것이 좋다.

적성을 모르고 지원하면
백전백패

진로 결정이나 입사 지원 때 적성이 가장 중요하다고 답한 비율 ··· 74%

적성을 잘 모르겠다고 답한 비율 ··· 67%

군대에서 사격을 한 번이라도 해본 남자라면 '영점조준'에 대해 들어봤을 것이다. 자신이 눈으로 확인한 목표의 조준점과 실제 총의 방향이 정확히 일치하는지를 테스트하고 조준점을 맞추는 것을 말한다. 만약 이것이 정확하지 않으면 아무리 자신의 눈으로 정확하게 목표물을 맞추더라도 총알은 언제나 빗나가게 되어 있다. 그런데 이 영점조준을 하기 위해서는 우선 '기준'이라는 것이 있어야 한다. 최초의 탄착점에서 왼쪽으로 치우쳤는지 혹은 오른쪽으로 치우쳤는지 알아야 조준점을 수정할 수 있다. 이 기준이 없다면 백발백중이 아니라 백발백패다.

이를 현재 청년들의 삶에 대입시켜 본다면 총알은 자기 자신이며, 조준점은 회사이며, 영점조준은 자신의 위치 혹은 능력이라고 할 수 있다. 자신이라는 총알을 정확하게 회사에 조준하고 그곳을 맞추기 위해서는 현재 자신의 위치나 능력이 어느 정도인지를 알아야 한다는 것이다. 만약 이것이 이뤄지지 않는다면, 수백 번의 이력서와 자기소개서를 넣어도 결국 백전백패할 뿐이다.

취업에도 영점조준이 필요하다

지금의 청년들에게 필요한 것은 정확한 영점조준과 회사에 대한 지식이다. 총을 쏠 때에는 목표물이 어디에 있는지를 알아야 하듯이 취업할 때에는 회사에 대한 지식이 풍부해야 한다. 하지만 이것이 되지 않는 경우가 상당히 많은 것이 현실이다.

우선 청년들이 회사에 대해서 너무 모른다는 점이 통계적으로 증명되고 있다. 모 중앙 일간지에서 취업 준비생들에게 시간을 넉넉히 주고 '현재 자신이 알고 있는 회사의 이름을 적어보라'는 설문조사를 했다. 그 결과 평균 27개였다. 그것도 모두 개별 회사가 아니라 그룹의 계열사가 상당수 포함되어 있었다. 예를 들어, '삼성'이 아니라 '삼성전자', '삼성생

명', '삼성SDI'를 모두 개별적인 회사로 구분한 것이다. 다른 대기업도 마찬가지라고 할 수 있으니 실제 취업준비생들이 알고 있는 회사는 채 20개도 되지 않는 셈이다. 설문 대상이 취업준비생이었으니 아직 취업 준비를 시작하지 않은 1~2학년의 경우에는 그 이하로 떨어진다고 할 수 있다.

물론 회사의 개수를 많이 안다고 취직할 수 있는 것도 아니고 지식이 풍부하다고 볼 수도 없다. 하지만 이는 취업준비생들이 그만큼 좁은 스펙트럼 안에서만 회사를 선택하려고 하며, 그 이외의 회사에 대해서는 관심조차 두지 않고 있다는 사실이기도 하다. 이렇게 선택의 폭이 좁아지면 취업의 가능성 역시 낮아질 수밖에 없다. 그러니 우선 자신이 지원하려는 회사가 아닌 어떤 분야에 종사할 것인지를 먼저 파악하고 그에 관련된 회사에 대해 조사해보는 게 더 현명하다. 일반인들에게는 잘 알려져 있지 않지만 그 분야에서는 최고인 기업도 많기 때문이다.

하지만 그전에 자기 자신의 위치와 능력에 대해 파악하는 것이 우선시되어야 한다. 이는 단순히 학력과 스펙만으로는 평가할 수 없다. 그러려면 자신이 어떤 일을 잘하는지, 어떤 분야에서 일을 하고 싶은지 적성과 진로에 대해 명확한 인식이 있어야 한다.

사람은 누구나 '성향'이 있다. 그리고 그에 알맞은 진로가 있다. 이를 무시하고 무조건 연봉이 높다거나, 복지가 잘 돼 있는 기업에 입사하는 것은 올바르지 않다. 그만큼 적성과 진로가 취업지원서를 내는 것보다 중요하다는 의미이다. 과연 우리 청년들은 자신의 적성과 진로에 대해 잘 알고 있을까?

현장에서 만난 청년들에게 "적성이 뭔지 아니? 진로는 어떻게 생각하고 있니?"라고 물으면 대부분 "글쎄요. 하지만 제가 하고 싶은 것은……" 이라고 대답한다. 적성, 즉 자신의 성향에 맞는 일을 찾기보다 자신이 하고 싶은 일 위주로 취업하려고 하는 청년들이 많다는 것이다. 하지만 하고 싶은 것과 적성은 다른 차원이다. 더구나 앞으로 어떤 일을 할 것이며, 취업에 성공한 후 어떤 길을 갈 것인지 고민해보지 않았다는 의미이기도 하다.

이러한 현실은 통계를 통해서도 확인할 수 있다. 한 취업 사이트에서 대학생 436명에게 '적성과 취업의 상관관계'에 대해 조사를 한 적이 있다. 그 결과 69.6%가 '나의 적성을 잘 모르겠다'는 대답을 했다. 10명 중 7명이 자신의 적성을 잘 모른다는 것이다. 이는 사실 꽤 심각한 문제이다. 자신의 타고난 능력을 알지 못하고 직업과 회사를 선택하는 것은 장기적으로 봤을 때 위험하기 때문이다.

청년들 역시 적성의 중요성에 대해서는 잘 알고 있었다. '진로 결정이나 입사 지원 때 적성이 가장 중요하다'고 답한 비율이 무려 73.7%에 달했기 때문이다. 이렇게 적성의 중요성에 대해서는 알고 있지만 정작 자신의 적성은 알지 못하는 것은 상당한 모순이 아닐 수 없다.

취업이 우리 사회의 구조적인 문제가 된 이후부터 '미스 매칭Miss Matching'이라는 말이 회자되고 있다. 직업을 구하려는 사람도 많고, 일할 사람을 구하는 기업도 많은데 서로 찾지 못해 어려움을 겪고 있다는 의미이다. 하지만 미스 매칭이 발생하는 진짜 이유는 자신의 적성이나 진로를 파악하고 전략적으로 취업 준비를 하는 사람이 별로 없기 때문이다. 한마디로 영점조준 자체가 되어 있지 않기 때문인 것이다.

이때 필요한 것은 이력서를 쓰기 전에 어떤 일을 하고 싶은지, 어떤 곳에서 일하고 싶은지, 적어도 10년 후에 자신이 어떤 위치에 있을지를 미리 그려보는 것이다. 그러면 입사 지원할 수 있는 기업도 대폭 줄어들고, 자신이 어떤 장점을 가지고 있는지, 그 기업에 들어가 어떤 역량을 보여줄 수 있는지 구체적으로 이력서와 자기소개서에 쓸 수 있게 될 것이며, 그만큼 취업 가능성은 높아질 것이다.

.

200만 원의 지원금으로 경험하는 청년취업인턴제

자신의 적성을 안다는 것은 직장 생활을 하면서 생길 수 있는 고민을 상당히 줄일 수 있다는 것을 의미한다. 적성에 맞지 않는 일을 하다보면 이직을 고민하거나, 새로운 기술을 공부해야겠다는 생각을 하게 되기도 한다. 이때 자칫 경력 공백이 생기기도 하고, 경제적인 어려움에 처할 수도 있다. 그러니 취업하기 전에 자신의 적성을 찾는 일이 중요하다. 이때 시도해볼 수 있는 프로그램이 바로 '중소기업 청년취업 인턴제'이다. 머릿속으로만 '나의 적성은 뭘까?'를 고민하는 것과 실제 현장에서 일하는 것은 굉장히 큰 차이가 있다. 현장에서 일해봄으로써 자신이 하고 싶었던 일과 현실이 어떻게 다른지 알 수 있고, 구체적으로 자신의 적성에 맞는 일이 무엇인지 알 수 있게 되기도 한다. '중소기업 청년취업인턴제'는 현재 미취업 상태에 있는 15세 이상, 만 34세 이하의 지원자들에게 1인당 180만 원의 취업 지원금을 지원하는 제도이다. 제조업 생산직에 근무하는 인턴은 최대 300만 원이 지원된다. 고용노동부 홈페이지(www.work.go.kr)에 들어가면 중소기업 청년취업인턴제에 관련된 다양하고 자세한 정보를 볼 수 있다.

회사 선택의
딜레마

취업은 물론 진학에 있어서도 가장 딜레마인 질문이 있다. 바로 '용의 꼬리가 될 것이냐, 뱀의 머리가 될 것이냐'이다. 여전히 많은 사람들이 '용의 꼬리'를 선택한다. 이유는 간단하다.

일단은 '그래도 용이니까'와 '용에 속해 있으면 더 많은 기회를 얻을 수 있으니까'이다. 한마디로 '큰물'에서 놀아보고 싶다는 것이다. 그렇게 하면 견문도 넓어질 것이고, 만나는 사람도 많아질 것이기 때문에 분명 뱀의 머리가 되는 것보다는 나을 것이라는 생각이다.

하지만 정말 그럴까? 현실에서는 정반대의 일이 벌어지고 있다.

왜 용의 꼬리가 되려고 하는가

청년들이 나에게 '용의 꼬리가 되는 것이 나은 것인가?' 아니면 '뱀의 머리가 되는 것이 나은가?'라고 물어 온다면 서슴없이 '용의 머리가 되라'라고 말할 것이다. 기왕 용이 된다면 꼬리보다는 머리가 훨씬 낫지 않겠는가? 그런데 대개는 이렇게 묻는 것 자체가 아이러니하게도 '나는 용의 머리가 되기는 힘들어'라는 판단을 스스로 이미 했다는 것이다. 그래서 차선책으로 용의 꼬리냐 뱀의 머리냐를 고민하는 것이다. '용의 머리'를 배제한다면 과연 둘 중에 어떤 것이 더 나을지 함께 생각해보자.

용의 꼬리가 되고 싶은 첫 번째 이유는 '그래도 용이니까'이다. 이 말은 곧 '나는 용의 일부다'라는 것을 주변에 보여주고 싶은 것이다. 그 안에서 무슨 일을 하든 일단은 삼성에 소속된 직원이고, LG 직원이고, SK 직원이고 싶은 것이다. 남에게 뭔가를 보여주며 살고 싶다면 당연히 용의 꼬리를 선택하면 된다. 그 안에서 어떤 힘든 일이 있든 자신의 비전이 있든 없든 외부적으로는 용으로 보일 수 있기 때문이다.

그런데 이렇게 살아가는 것이 의미가 있을까? 처음에는 가족들과 친척들이 축하해주고, 그래서 우쭐할 수 있지만 삶은 그것만으로 지탱되지 않는다. 더군다나 '남에게 보여주고 싶은 욕망'만으로 용이 되기에는 남들이 당신에 대해서 그다지 많은 생각을 하지 않는다.

혜민 스님에게 어떤 사람이 "내가 하는 것에 대해 남들이 나를 욕할까 봐 너무 걱정이 됩니다"라며 고민을 상담했다고 한다. 이 고민에 혜민 스님은 이렇게 되물었다. "혹시 당신은 남들에 대해서 얼마나 많이 생각하십니까?"

실제로 당신은 남을 생각하는 데 얼마나 많은 시간을 할애하는가? 이건 정반대로 적용시켜도 동일하다. 남들에게 자신의 능력과 실력을 보여주고 싶어 하는 것에 비해 남들은 당신에 대해 그렇게 많은 생각을 하지 않는다.

용의 꼬리가 되고 싶은 두 번째 이유는 '인맥이나 실력을 넓힐 수 있는 것은 물론 더 많은 기회가 주어지기 때문'이다. 그런데 가만히 생각해보면 용 전체를 따졌을 때 인맥이나 실력을 발휘할 수 있는 기회가 가장 많이 주어지는 곳은 당연히 머리이다. 또 대부분의 사람들이 가까이 하려는 부분은 용의 머리이지 꼬리가 아니다. 머리가 아니면 그다음은 용의 앞다리, 그다음은 몸통, 그리고 뒷다리를 대하고 싶어 할 것이다. 만약 용의 몸에서 이탈되면 '이제는 더 이상 용이 아니다'라며 만날 필요성을 느끼지 못한다.

새로운 기회가 많이 주어진다는 것도 마찬가지이다. 꼬리는 그저 '꼬리만큼'의 기회가 주어질 뿐이다. 실제로 대기업은 업무가 철저하게 세분화되어 있어 자신이 맡은 일만 충실히 해내면 된다. 그 이상을 생각하는 것 자체가 넌센스인 경우가 대부분이다. 멘티들 중에서도 의욕적으로 대기업에 입사했지만 몇 년 지나지 않아 아주 평범하게 맡은 일만 해나가는 '기계적인 직장인'으로 변하는 경우가 많다. 이는 또 한편으로 꼬리에게는 꼬리의 역할만 주어지지 새로운 기회가 주어지지 않는다는 것을 말한다. 물론 용에게는 아주 많은 기회가 생긴다. 그런데 그 기회를 가져가는 순서 역시 머리, 앞다리, 몸통, 뒷다리가 될 뿐이다. 큰물에서 일해보고 싶다는 마음을 알겠지만 그 안에는 그만큼 더 많은 '선수'들이 있고, 따라서 그 선수들이 먼저 기회를 가로채 갈 가능성이 높다는 사실을 염두에 두어야 한다.

리더는 더 많은 기회를 얻는다

뱀의 머리가 되면 어떨까? 뱀이 갖는 기회의 총량은 줄어들 수는 있어도 주어진 기회를 차지할 확률은 확연히 높아진다. 실제로 중소기업의 경우 입사 몇 달 만에 해외 출장을 가고 외국 바이어를 만나 실질적인 업무를 하는 경우가 많다. 이렇게 몇 년만 하면 뱀의 머리는 탁월한 능력을 갖추게 된다. 비록 용에 속해 있을지언정 실질적인 업무를 전반적으로 관장할 수 있는 기회가 적어 여전히 지엽적인 일만 하는 것과는 업무 숙련도가 질적으로 차이가 발생한다는 말이다. 한마디로 잘 보이지도 않는 꼬리에서 겨우 용의 머리와 앞다리가 싸우는 모습만 구경하던 사람과 뱀의 머리로 직접 싸움에 나서는 경우는 '전투력'에서 상당한 차이가 날 수밖에 없다.

뱀의 머리가 된다는 것은 '리더'로서의 역량을 경험해보는 것이기도 하다. 리더의 역할을 해봄으로써 하루빨리 자신이 가야 할 미래의 길을 결정할 수 있게 되고, 더 큰 꿈을 품을 수 있게 된다.

멘티 중에 최철영가명 군이 있었다. 취업을 앞두고 인턴을 하다가 내게 상담을 요청해왔다. 지금 자신에게 대기업, 중소기업, 그리고 컨설팅 회사라는 세 가지 기회가 있는데, 어떤 선택을 하면 좋겠냐고 물어왔다. 나의 추천은 직원이 3명밖에 없는 중소 무역 회사였다.

최 군이 처음에 입사해서 했던 일은 커피를 타거나 복사를 하는 일이 아닌 무역 실무였다. 사장을 쫓아다니며 바이어들을 만났고, 매일 야근을 하면서 영어로 메일을 썼다. 전화 받는 일부터 시작해 속된 말로 밑바닥부터 구른 것이다. 하지만 그는 짧은 인턴 기간 동안 영업과 마케팅은 물론 바이어 응대 방법 등 무역 회사에서 할 수 있는 거의 모든 일을 경험할 수 있었다. 그 후 최 군은 자신의 미래에 대한 아주 확고한 목표를 정했다. 어느 기업을 가든 과장이 될 때까지 열심히 일한 후 독립을 하겠다는 것이었다.

그렇게 인턴을 마친 그는 느닷없이 배낭여행을 떠났다. 대학 4학년이 되어 배낭여행을 떠나는 그를 보면서 의아해하지 않을 수 없었다. 하지만 정작 그가 떠난 이유는 뜻밖의 것이었다.

그는 배낭여행을 가기 전 인턴을 하면서 중소기업에서 해외 출장 다니는 것에 애로사항이 많다는 사실을 알게 되었다. 그래서 기왕 배낭여행을 가면서 세계 각지의 바이어들과 미리 약속을 잡아놓아 산재해 있는 문제들을 해결하면 좋겠다는 생각을 하게 된 것이다. 회사 입장에서도 많은 돈을 들이지 않고 해외 업무까지 볼 수 있는 것이니 그야말로 반가운 제안이었다. 그렇게 그는 바이어들을 만나 친목을 도모하면서 미리 맡아둔 해외 출장 대행 업무도 하고, 그들을 가이드 삼아 일반 여행자들이 알기 힘든 지역의 명소까지 여행하게 된 것이다.

목표가 확실하면 용의 꼬리든 뱀의 머리든 상관없다

만약 최 군이 '뱀의 머리'로서 다양한 일을 경험해보지 않았다면 과연 바이어들과 친목을 다지고 그들과 함께 미래를 꿈꿀 수 있었을까? 그리고 대학 4학년에 쉽사리 결정하기 힘든 배낭여행을 떠날 수 있었을까? 최 군은 최소한 자신의 업무에서만큼은 리더의 역할을 해봤고, 그것이 얼마나 흥미롭고 자신의 적성에 잘 맞는 일인지를 깨달았던 것이다. 만약 그가 용의 꼬리였다면 이러한 다양한 경험과 그를 통해 미래에 대한 확신까지 갖기는 어려웠을 것이다.

어떤 의미에서 '용의 꼬리가 될 것이냐, 뱀의 머리가 될 것이냐'라는 질문은 자신이 무엇을 좋아하고, 무엇을 하면서 살고 싶은가에 대한 비전이 부족하기 때문에 생겨난다. 정답은 용의 꼬리도 아니고 뱀의 머리도 아닌 '나 자신'이 되면 된다. 가고자 하는 길에 대한 확신이 있고, 목표가 철저하면 용의 꼬리든 뱀의 머리든 아무 상관이 없다. 모든 것은 자신의 목표를 향해 가는 과정에 불과하기 때문이다.

강을 건너는 방법은 수십 가지이다. 배를 타고 건널 수도, 직접 수영을 해서 또는 다른 사람의 도움을 받아서 건널 수도 있다. 이때 중요한 것은 사실 '어떻게 강을 건널 것인가'가 아니다. '강을 건넌 후 어디로 갈 것인가'가 더 중요하다. 강을 건너는 것 자체가 목적이 되면 강을 건넌 후 무엇을 해야 할지 허둥지둥 당황할 수밖에 없다. 취업도 마찬가지이다. 취업이 목적이 되면 입사 후에 오히려 자신이 생각했던 것과 다른 직장 생활에 금세 지칠 수 있다. 그러니 강을 무사히 건넌 후 무엇을 할지, 어디로 갈지 미리 정해놓는 것이 중요하다. 그러면 어떻게 강을 건너든 그 다음 할 일이 눈에 보이기 마련이다.

미처 알지 못했던 26만 개의 숨은 일자리

특성화 고등학교나 이공계 대학을 나오지 않은 이상 제조업에 주목하는 젊은이들은 많지 않다. 하지만 남들이 바라보지 않는 곳, 바로 그곳에 새로운 기회가 있다. 이는 우리나라의 산업구조와 결코 무관하지 않다. 현재 우리나라의 산업구조는 수출 주도형의 제조업과 첨단산업이 이끌어나가고 있다. 결국 이 양대 산업에서 가장 많은 기회가 있다는 것이다.

그런데 첨단산업은 말 그대로 첨단산업이다. 첨단산업군은 점점 더 고용 없는 성장을 주도해 나가고 있고, 억지로 인력을 고용하지는 않기 때문에 고용의 기회는 그만큼 적을 수밖에 없다.

> 근속 연수는 곧 회사에 대한 만족감과 애정의 척도

대기업 평균 근속 연수	10년
제조업 중견기업 평균 근속 연수	20년

반면 제조업의 경우에는 많은 인력이 필요하고 높은 근속 연수를 보이고 있다. 2012년 〈한경비즈니스〉가 상장사 527개의 근속 연수를 조사했는데, 상위 10곳

제조업 및 첨단산업의 평균 근속 연수

(단위: 연)

순위	기업	업종	평균 근속 연수
1	S&T중공업	운수징비	21.1
2	현대비앤지스틸	철강금속	20.61
3	풍산	철강금속	20.1
4	한국유리공업	비금속광물	20
5	휴비스	화학	19.7
6	아세아제지	종이목재	19.6
7	대원강업	운수장비	19.4
8	타이씨코	서비스업	19
9	현대시멘트	비금속광물	19
10	KT	통신업	18.9

자료: 금융감독원

중에서 8곳이 제조업이었다. 평균 근속 연수는 20년에 육박한다. 그렇다고 월급이 적은 것도 아니었다. 1위에서 7위까지의 기업은 모두 평균 연봉이 5,000만 원을 넘어선다.

지금 우리 청년들에게 기회가 아주 없는 것이 아니다. 정부의 일자리 관련 사이트인 '워크넷' 기준으로 지금도 약 26만 개의 일자리가 주인을 기다리고 있다. 그런데 취업 현장을 발로 뛰며 들어보면 아직도 '워크넷'의 존재 자체를 알지 못하는 청년도 많고, 자기의 이상과 현실의 '미스 매칭'을 이유로 제조업을 기피하는 청년이 많은 것도 현실이다.

결국 눈에 보이는 기회를 선택하지 않을 뿐이다. 제조업으로 눈을 돌려보자.

제조업이라고 20년간 매일 공장에서 용접하고 쇠를 깎는 것은 아니다. 그곳에도 마케팅이나, 홍보 부서가 있고, 관리 부서도 있다. 또 해외 출장의 기회도 많아 글로벌 인재로 커나갈 수 있는 기회도 많이 있다. 생산직 노동 이외에도 얼마든지 하고 싶은 일을 할 수 있다.

특히 평균 근속 연수가 높다는 것은 그만큼 '직장 만족도'가 높다는 말이다. 대기업의 높은 연봉과 대외적인 인지도에도 이들 제조업 중견기업의 근속 연수가 두 배 이상 높다는 것은 그만큼 직원들이 회사를 아끼고 사랑한다는 것이기도 하다. 이제 과감히 제조업으로 눈을 돌려보자. 그곳에서 이제껏 발견하지 못한 새로운 기회를 잡을 수 있을 것이다.

타인과의 비교는
불행의 시작이다

상대적 비교의 함정

여기에 600명의 학생들이 있고, 그들을 성적순으로 줄을 세웠다고 해보자. 꼴찌인 600등을 한 학생은 아마도 열등감에 시달릴 가능성이 높다. 그런데 여기에 60만 명의 수험생들이 있고, 이 학생들을 다시 성적순으로 줄을 세웠다고 해보자. 그 안에서 600등이라면 어떨까? 상위 0.1%의 최고 집단일 것이다. 결국 '같은 600등'이라고 하더라도 비교의 근거, 즉 준거집단을 어디에 두느냐에 따라서 큰 차이가 난다.

2012년 카이스트 학생 4명이 연속으로 자살한 사건이 있었다. 이 중 3명은 학습 스트레스로 우울증을 앓았던 것으로 밝혀졌다. 과도한 경쟁이 상대적인 열등감을 불러일으켰고, 그것이 결국 그들을 죽음으로 몰아넣은 것이다. 카이스트는 우리나라 최고의 두뇌 집단이다. 설사 카이스트 내에서 '제일 공부도 못하고 꼴찌'인 사람도 우리나라 전체로 보면 상위 0.1%인 셈이다.

한정된 자원과 제약 속에서 치열한 경쟁 속에서 성장하다보니 상대적 인 비교에 너무나 익숙해져버린 요즘 청춘들에게 내가 해주고 싶은 말이 바로 타인이 아닌 자신에게 집중하라이다.

세상에 '엄친아'만 있는 것이 아니다

언젠가부터 우리 사회에는 '엄친아' 신드롬이 불었고, 지금도 심심치 않 게 통용되고 있다. 자신에 비해 얼굴도 잘생기고, 공부도 잘하고, 돈까지 잘 버는 친구, 거기다가 효자이기까지 하니 거의 완벽에 가깝다고 해도 과언이 아닐 것이다. 이런 대단한 '엄마 친구 아들'들이 우리 주변에 왜 이리도 많아진 것일까?

서울 시내의 한 대학에서 어문과 경영을 복수 전공하던 지연가명이는 2학년 재학 당시 우리 멘토링 모임에서 처음 만났다. 그때까지만 해도 취업에 대한 큰 부담은 없었는지 표정도 밝고 성격도 활발했으며 또래 친구들과 무척 잘 어울렸다. 그런데 시간이 흐르고 3학년, 4학년이 되면 서 공부하기를 힘들어했고 입사 시험에도 계속 떨어졌다는 이야기를 들 었다. 원하는 기업에 들어가지 못했으니 좌절감이 들었을 법도 했다. 그리고 시간이 흐르면서 그녀를 더 이상 모임에서 만날 수 없었다.

어느 날 휴대폰을 보니 단체 채팅방에서도 퇴장해버렸다. 한동안 잘 지냈던 그녀의 친구들에게 물어도 도통 소식을 알 수 없었다. 할 수 없이 장문의 이메일을 써서 보냈지만 역시 답장이 없었다. 나중에 들은 소식으로는 졸업 후에도 여전히 대기업 취업을 목표로 전해 도서관에 가서 공부를 한다고 했다. 하지만 멘토링 모임에 나오지 않는 것은 물론이고, 주변 친구들과의 교류도 끊겨버렸다.

성찬가명이라는 친구도 비슷한 케이스이다. 서울의 명문 사립대에 다니면서 한때 외국계 금융 컨설팅 회사에서 인턴 생활도 했고, 자신의 꿈에 대한 열망과 도전 의식도 무척 강했다. 거기다가 IT 개발 분야의 전공자도 아니면서 그 분야에 특기를 가지고 있어 IT 개발 업체에서 병역 특례를 하기도 했다. 기획력도 좋아서 자신만 열심히 하면 충분히 스스로의 인생을 잘 꾸려나갈 친구로 여겼다. 하지만 성취 동기가 너무 강하고 꿈이 높았던 탓인지 졸업을 앞두고 자신이 원하는 기업에 들어가지 못하자 방황하기 시작했다. 졸업을 몇 번이나 미루고 휴학에 휴학을 이어가면서 갈피를 잡지 못하는 모습이 역력했다.

지연이와 성찬이의 공통점은 출발은 좋았지만 시간이 흐르면서 자신이 목표한 바를 이루지 못하자 깊은 방황의 늪에 빠졌다는 점이다. 그리고 충분히 좋은 조건을 가졌음에도 불구하고 끊임없이 자신과 또래 친구들을 비교해왔다는 점이었다. 자신과 엎치락뒤치락 경쟁하던 친구들이 대기업에 입사해 화려하게 직장 생활을 시작하는 모습을 보면서 자신도 그렇게 하리라는 의지를 다졌지만 현실에서는 그것이 그리 쉽게 이루어지지 않자 스스로 주변을 차단해 고립되었다.

하지만 그들보다 상대적으로 학벌이 낮거나 스펙이 부족하더라도 여전히 멘토링 모임에서 열심히 교류하며, 활동하면서 미래의 꿈을 키워가는 청년들이 많다. 다른 사람이 아닌 자기 자신에게 집중하고, 목표한 바를 이루기 위해서 노력하고 있기 때문에 가능한 것이다.

이는 지연이와 성찬이가 지금이라도 자신을 되돌아보아야 하는 이유이기도 하다. 그들이 방황하는 이유는 대기업에 입사하지 못했기 때문이 아니라 자신을 비교하는 '준거집단'을 잘못 설정했고, 그 이후 끊임없이 그들과 비교하면서 괴로워하며 스스로를 쪼그라들게 만들어왔다는 점이다. 하지만 '내가 저 친구보다 못한 게 없는데, 왜 내 인생만 자꾸 꼬이는 거지?'라고 한탄하는 것은 전혀 도움이 안 된다. 이렇게 계속 생각하다보면 자존감에 상처를 입게 되고, 결국 타인에게 마음의 문을 닫아 고립되기 마련이기 때문이다.

잘난 친구와 비교하며 좌절할 필요는 없다

취업하지 못한, 그래서 아직 사회적 구성원으로서 당당함을 갖지 못한 청춘들을 괴롭히는 것 중의 하나가 바로 '상대적 비교'이다. 나보다 잘난 친구와 비교하고, 나보다 좋은 직장에 간 친구와 비교하는 것이다. 물론 그런 비교를 통해서 자기 발전의 계기로 삼을 수도 있다. 하지만 스스로의 자존감을 훼손시키는 비교는 자신을 좀먹는 해가 되고 만다. 그렇다고 치열한 경쟁 속에 자신도 모르게 일상화되어버린 '상대적 비교' 생활 자체를 잘못되었다고 나무랄 수만은 없다.

그렇다면 지금의 청춘들에게 필요한 것은 바로 '상대적 비교' 자체의 잘잘못을 논할 게 아니라 비교 대상이나 '준거집단'을 현실에 맞게 재조정하는 일이다. 카이스트 학생이라면 자신의 앞에 있는 599명만을 바라보면서 '나는 600명 중에 꼴찌야'라고 생각하며 좌절해서는 안 되고, '대한민국 60만 명 중에 나는 자랑스러운 0.1%야'라는 상대적인 비교를 하면서 힘과 용기를 내고 책임감을 배가시켜야 한다는 말이다.

만약 카이스트 학생이 아니라면 그들은 굳이 당신의 비교 대상으로 삼아 일부러 좌절을 자초할 필요는 없다. 지방대생이라면 지방대생 안에서, 2년제 대학 학생이라면 그 2년제 대학 안에서 자신을 비교할 대상이나 준거집단을 찾아 단계적으로 극복해나가는 것이 훨씬 현명할 것이다. 이는 '더 큰 꿈을 포기하라'는 의미가 아니라 '정확하게 자신의 위치를 파악하고, 그곳에서 적절한 방법을 찾아라'는 의미다.

더 나아가 살아남기 위한 허황된 꿈을 배제하고 진정성을 찾는 방법이기도 하다. 자신과 비교할 수 없는 집단과 자신을 계속 비교하는 것은 도전 의식보다는 부러움과 시기를 낳을 뿐이다. 또한 자신이 걸어가야 할 길을 외면하고 모든 과정을 생략한 채 단번에 허황된 꿈을 이루겠다는 과도한 욕망만 불러일으킬 뿐이다.

물론 모든 비교가 다 불행을 부르는 것은 아니다. 오히려 정반대로 자신에게 아주 긍정적인 힘을 주는 비교, 오히려 자기 발전의 계기가 되는 비교도 있다. 그것은 바로 어제의 나와 오늘의 나를 비교하는 일이다. 내가 얼마나 더 많은 것을 이뤘는지, 또 얼마나 더 성숙해졌는지를 확인하는 것만큼 행복한 비교도 없을 것이다. 물론 이때에도 자신에게 실망할 수 있다.

하지만 타인과의 비교처럼 즉각적인 불만족이나 불행감을 안겨주지는 않는다. 그리고 대개 이러한 비교는 '더 힘내자'라는 긍정적인 결론으로 맺게 마련이다. 사람의 심리는 궁극적으로 자신을 보호하려고 하기 때문이다. 결국 싸움은 타인이 아니라 나 자신과 하는 것이다. 비록 경쟁의 외피는 타인과 하는 것처럼 보이지만 본질적으로 자기 자신을 이겨내면 당연히 타인도 이겨낼 수 있기 때문이다.

이제 눈을 돌려 자신을 바라보자. 자신과의 비교를 일상화하면서 자신과 무한 경쟁을 해보자. 타인과의 비교는 끝없는 불행을 부를 뿐이고, 자신과의 비교는 건강한 발전의 계기가 된다는 사실을 잊지 말아야 한다.

부족한 스펙을 지원해주는 내일배움카드제

막상 취업을 하려니 특정 분야에 대한 구체적인 스펙이 부족한 경우도 있다. 요즘 중소기업이라고 하더라도 특정 분야에 대한 자격증이나 관련 지식이 필요한 경우가 많기 때문이다. 하지만 배우는 데에도 돈이 든다. 이때 정부지원금을 활용해서 공부해보자.

'내일배움카드제'는 고용노동부에서 취업이나 창업을 목적으로 직업 훈련이 필요한 사람에게 교육비의 일부를 제공하는 직업능력개발계좌제이다. 실제로 구직자에게 일정한 금액을 지원해주고, 그 범위 내에서 주도적으로 직업 능력 개발 훈련에 참여할 수 있도록 하고, 훈련에 관한 이력 등을 개인별로 통합 관리하는 제도이다.

고용센터에서 훈련상담한 결과 직업훈련의 필요성이 인정되는 사람에게 직업능력개발계좌(내일배움카드)를 발급하여 1년간 실제 훈련비의 50~80%를 최대 200만 원까지 지원해준다. 이때 취업성공패키지 2유형 참여자는 70~90%를, 1유형 참여자는 최대 300만 원까지 훈련비를 전액 지원(자비 부담 면제)한다.

신청대상자는 현재 미취업 상태인 만 15세 이상 구직신청자로 소속 학교의 장으로부터 훈련 필요성을 인정받은 고등학교 3학년 재학생과 영세자영업자나 월 60시간 미만 단시간근로자(고용보험 미가입자) 등이면 신청 가능하다.

물고기냐,
물고기 잡는 법이냐

청년 취업 관련 정책은 실효성이 있는가

'청년수당', '청년배당' 등의 이름으로 지방자치단체들이 청년 취업난을 덜어보겠다고 직접 실행하고 있는 각종 청년 취업 관련 수당 정책들이 있다. 하지만 속칭 '깡'으로 할인 판매되는 것은 물론 심지어 유흥비로 사용되고 있는 것도 모자라 이중수령 혹은 부정수령이 적발되는 등 많은 부작용을 낳고 있다. 서울과 강원은 '청년수당'으로, 부산은 '청년디딤돌카드', 대전은 '청년취업 희망카드', 성남시는 '청년배당' 등의 이름으로 시행되고 있는 이 정책들의 예산은 적게는 10억 원부터 크게는 170억 원까지 경쟁적으로 편성하여 집행하고 있지만 그 실효성이 입증되었다는 이야기는 찾아볼 수가 없다.

좀 더 구체적으로 예산 사용내역을 들여다보면, 서울시에서 시행하고 있는 '청년수당 클린카드'는 노래방, DVD방, 소주방 등 거의 대부분의 유흥업소에서 사용이 가능하고, 심지어 장신구나 주류도 구입할 수 있게 되어 있다. '클린카드'라는 형태로 지급되지만 사용 규정에 이들 업소의 이용을 제한하는 규정이 없어 클린카드라는 용어가 무색하다.

성남시에서 시행하고 있는 '청년배당'은 더 심각하다. '성남사랑 상품권'이라는 형태로 지급되는데 청년들보다 오히려 주부들에게 인기가 있어 온라인몰에서 속칭 '상품권 깡'으로 거래되고 있다. 주부들은 이 상품권을 싸게 구매하여 장보기 등에 활용한다고 한다. 상품권을 사용할 수 있는 가맹점 2,823개 중 서적, 문구로 등록된 점포는 53개, 학원·교육은 23개에 불과할 뿐으로 나머지는 쇼핑이나 재래시장이 대부분을 차지하고 있는 실정이기 때문이다. 대전시에서는 정부에서 시행하고 있는 '취업촉진수당'과 대전시 자체로 시행하고 있는 '청년취업 희망카드'를 중복 수령한 45명이 적발되기도 했다. 여기에 더해 희망카드 발급대상자를 6,000명 선으로 예상했으나 막상 신청 구직자가 1,700여 명에 불과하자 지원 대상 범위를 크게 확대하고, 신청기한도 수시모집으로 바꾸어 결국 선심성 퍼주기 예산집행이라는 논란을 불러일으켰다. 서울, 성남, 대전뿐만 아니라 현재 청년수당을 지급하고 있는 지자체 6곳 모두 취업과 무관한 곳에 사용되는 비슷한 문제점을 보이고 있다.

구직시험을 보러 가는 교통비, 면접용 정장 대여비 등 실제로 구직 활동에 나서는 청년의 구직활동에 따른 비용이 크다는 점을 감안하여 구직활동에 소요되는 비용을 정부가 직접 지원하는 '청년구직촉진수당' 제도도 사정은 비슷하다. 이 제도는 현재 '취업성공패키지' 3단계 참여 청년에게 3개월 동안 월 30만 원씩 지급하고 있다.

취업에 실질적으로 도움이 되는 사다리

이러한 각종 지원제도에는 상반된 시각이 공존하고 있다. 극심한 청년취업난을 감안하여 보편적 복지차원의 직접지원을 강화해서 조금이라도 도움이 되도록 해야 한다는 의견에서부터 단순 구직활동에 대한 직접지원금은 무차별적 복지로 변질되어 오히려 청년의 취업기회 확대에는 실효성이 적을 수 있다는 부정적인 의견도 있다.

'헬조선'이라는 자조와 탄식이 쏟아지는 작금의 대한민국 청년현실에 비추어, 직접지원이든 간접지원이든 극심한 취업난에 처해 있는 청년층의 취업을 돕기 위한 고육지책으로 각종 수당 정책을 검토하고 시행하는 데는 원칙적으로 동의한다. 그러나 국민의 혈세를 투입하는 사업인 만큼, 단순 금액지원에 그칠 게 아니라 실질적 취업으로 이어질 수 있는 사다리를 만드는 데 집중해야 할 것이다.

이를 위해서는 정부와 지자체가 청년층을 바라보는 기본 시각을 재정립하는 것에서부터 출발해야 한다. 즉, 단순히 '현실이 어려우니 도와야지' 하는 차원이라면 집행되는 예산은 매몰비용(Sunk cost)에 그치기 일쑤이다. 취업이 어려운 당장의 힘든 현실이 아닌 미래세대

성장동력이자 주인공인 청년에게 사회 국가적인 재원이라는 철학과 관점으로 투자(Investment)하는 것이 필요한 시점이다.

청년 취업난을 해결하기 위한 진정성 있는 지원이라면 '공짜'라는 인식을 주어 도덕적 해이를 야기하는 인기영합적 정책은 과감히 버려야 한다. 예산을 사용하기 위해서 수혜대상자를 확대하거나, 청년 취업과 창업에 꼭 필요한 도서구입 및 학원비 등으로 사용처를 세밀하게 조정하는 등의 정책 설계가 필요하다. 무엇보다 중앙정부와 지방자치단체가 목표를 명확히 설정하고 통일된 정책 집행을 통해 구직으로 연결되는 실효성을 확보하려는 노력이 중요할 것이다.

흔한 말이지만 우리 청년들은 물고기가 필요한 것이 아니라 물고기를 잡는 방법을 알려주는 것이 필요하다. 그것이 대한민국 청년들의 미래를 위한 사다리일 것이다. 청년들은 그것에 목마르다.

청년내일채움공제 제도

고용노동부와 중소벤처기업부가 공동으로 운영하는 '청년내일채움공제' 사업은 중소·중견기업에 정규직으로 취업한 청년의 장기근속을 지원하기 위한 사업이다. 사업기간 2년 만근 시 청년은 1,600만 원(정부지원금 1,300만 원 + 자기적립금 300만 원) + 이자의 만기공제금을 수령하며, 기업은 지원금 300만 원을 받는다.

참여 자격으로는 청년은 정규직 취업일 현재 만 15~34세 이하(군필자는 복무기간에 비례하여 최고 만 39세까지 가능)인 대한민국 국적 보유자이며, 기업은 고용보험 피보험자수 5인 이상을 고용한 중소·중견기업이 해당된다. (단, 기업의 한국표준사업분류번호가 사업 시행지침에서 정한 지식서비스산업, 문화콘텐츠산업에 해당하는 경우 고용보험 피보험자수 1인 이상이면 참여 가능하다)

PART 3

직장에
대 ✖ : 한
당신의
오해들

회사가 당신을
뽑지 않는 진짜 이유

구직자들이 가장 궁금해하는 내용

"기업은 스펙을 정말 안 보는 거야?" ⋯ 37%
"내 자기소개서를 읽기는 읽는 거야?" ⋯ 26%
"직무 적성 검사의 합격 기준은 뭐야?" ⋯ 17%

회사의 '진짜 채용 기준'을 모르는 구직자들
'기준'을 모르면 취업도 '운'에 맡겨야 한다?

오늘날 청년들에게 취업은 '절대선善'일 수밖에 없다. 취업하지 못한 자신의 인생은 상상하는 것조차 끔찍한 악몽이기 때문이다. 하지만 악몽은 현실로 다가온다. 100곳 넘게 이력서를 넣어도 면접 기회조차 얻지 못하는 청년들이 수두룩하기 때문이다. 현실이 된 악몽 속에서 청년들은 자신들의 과거만을 탓할 뿐이다.

정부의 통계 자료에 의하면 20대 청년의 41.4%가량이 이력서와 자기소개서를 쓰는 동안 자신이 살아왔던 인생을 후회하고, 47.8%는 자신이 선택한 전공을 후회한다고 한다. 20대 청년들의 반이 후회하면서 미래를 준비한다는 것은 본인에게도 손해겠지만 사회적으로도 큰 손실이 아닐 수 없다.

그렇다면 왜 회사는 그들을 뽑지 않는 걸까? 청년들은 자신이 왜 낙방의 고배를 마셔야 하는지 도통 이해하지 못한다. 아주 좋은 대학을 나온 것은 아니지만 특별히 못난 것도 없고, 아주 화려하지는 않아도 남들만큼의 스펙은 갖췄다고 생각했지만 회사는 도통 이에 관심을 두지 않는 것처럼 보이기 때문이다.

채용 기준을 모르는 구직자들

한 신문사의 '20대 연구소'가 대학교 4학년 이상의 학생 400여 명을 대상으로 '구직 시에 가장 궁금한 점'에 대해 설문조사를 한 적이 있다. 조사 결과 구직자와 회사 간의 인식 차이가 극명하게 드러났다. '전체의 37.5%가 기업은 진짜로 스펙을 안 보는 건지 궁금해했고, 26%는 자기소개서를 정말로 다 읽는 건지 궁금해했다. 또 17.5%는 도대체 직무 적성 검사의 합격 기준은 무엇인지 궁금해했다. 이 세 가지 궁금증은 각기 다른 내용인 듯 보이지만 전부 '채용의 기준'에 대한 것들이다. 81%에 가까운 구직자들이 회사의 '채용의 기준'을 잘 모르고, 또 그것에 대해 일정한 의구심을 가지고 있는 것이다. 이러한 의구심은 '도대체 왜 회사는 나를 뽑지 않는 거야?'라는 질문에서 시작된다. 일찌감치 취업을 위해 토익과 자격증, 연수 경험까지 두루 갖췄지만 계속되는 취업 실패에 자존감을 잃는 경우도 많다.

이 문제를 해결하기 위해서 우선 구직자들이 가진 의구심의 본질을 살펴볼 필요가 있다. 사실 청년들의 의아함과는 사뭇 다르게 이 세 가지 궁금증에 대한 해답은 비교적 간단하다. 스펙은 반드시 보며, 자기소개서는 반드시 읽고, 직무 적성 검사에서의 합격 기준은 회사마다 다르다.

우선 스펙에 대해 이야기해보자. 스펙의 본질은 '필터링'이다. 스펙은 '당신이 무슨 능력을 갖췄는가?'를 보는 것이 아니라 '당신이 다른 구직자에 비해 떨어지는 능력이 무엇인가?'를 보는 것이다. 이는 시험의 커트라인과 똑같이 기능한다. 대학수학능력시험은 학생들을 대학에 붙이기보다 떨어뜨리려는 목적이 더욱 강하다. 대학에 가려는 사람은 많고 정원은 한정되어 있으니 대학은 학생을 떨어뜨려야 '합격생'을 골라낼 수 있는 것이다. 회사의 채용 과정에도 똑같은 원리가 작용한다. 수많은 지원자 중 후보자를 적절히 추려내기 위한 기준 중의 하나가 바로 스펙인 것이다.

최근 많은 기업들이 무無스펙 채용 방식을 도입하고 있지만, 근본적으로 스펙을 보지 않는 것은 불가능하다. 예를 들어, 당신이 회사의 사장이라고 가정해보라. 총 120명을 뽑는 데 무려 2만 명이 지원했다. 지원자의 자기소개서를 하나하나 다 살펴볼 수 있을까? 스펙 필터링을 하지 않는다는 것은 사람을 뽑지 않겠다는 것과 같다. 가장 손쉬운 선택 기준을 버리고 무슨 수로 후보자들을 추린단 말인가. 회사마다 스펙을 보는 비중이나 평가 기준이 다를 수는 있어도 스펙을 전혀 안 보는 것은 불가능하다. 공공연히 '스펙은 필요 없다'고 말하는 회사도 예외는 아니다.

일본전산은 '무스펙 전형'으로 인재를 채용하는 것으로 아주 유명한 회사다. 1973년 4명의 직원이 허름한 창고에서 시작했던 일본전산은 현재 13만 명이 일하는 매출 8조 원의 글로벌 기업이 되었다. 초창기 일본전산은 '목소리 큰 사람, 밥 빨리 먹는 사람'을 채용했다. 언뜻 스펙을 초월한 획기적인 채용으로 보인다. 하지만 '목소리 크고, 밥 빨리 먹는 것' 자체가 바로 스펙이다. 스펙에서 자유로운 기업은 그 어디에도 없다.

두 번째, 자기소개서를 다 읽는 것에 대한 의문이다. 기업에게 직원은 발전의 원동력이다. '장사'와 '사업'의 가장 큰 차이는 바로 직원이 있느냐 없느냐이다. 장사는 직접 제 몸으로 열심히 뛰어서 돈을 버는 것이고, 사업은 직원을 부려서 더 큰돈을 벌어들이는 것이다. 사람이 곧 기업의 미래이다 보니 기업은 인사를 진행할 때 신중을 기하기 마련이다. 그렇기에 자기소개서가 몇 백 장이든 전부 다 읽을 수밖에 없다. 만약 자기소개서를 제대로 읽지도 않고 직원을 선택하는 기업이 있다면 벌써 망했거나 앞으로 망할 것이다. 그러니 회사가 자신의 자기소개서를 읽기는 읽는 건지 의심할 필요는 전혀 없다.

마지막 의문이었던 '도대체 직무 적성 검사의 합격 기준은 무엇인가?' 도 마찬가지이다. 여기에 대한 답은 '회사마다 다르다'였다. 이는 '기준이 없다'는 말이 아니다. 기준은 있지만 회사의 사업 영역과 사내 문화에 따라 직무 적성 검사 결과에 대한 적용 범위가 다르게 적용된다는 뜻이다. 친구를 사귀는 일과 비슷하다.

예를 들어, A라는 사람이 있다고 하자. 어떤 사람은 A를 좋아하고 어떤 사람은 A를 별로 좋아하지 않는다. 그렇다고 A가 두 개의 얼굴을 가진 것은 아니다. 그저 A의 성향을 바라보는 상대방의 관점에 따라 친구가 되느냐 안 되느냐가 결정된다. 직무 적성 검사 중에서도 특히 인성 검사에 이러한 특성이 강하게 반영된다. 만약 당신이 '안정적이고 차분한 성향'을 가지고 있다고 해보자. 개척과 도전 정신이 강한 기업이라면 점수를 많이 주지 않을 것이고, 반대로 철저한 관리와 서비스 정신을 가진 회사라면 점수를 많이 줄 것이다. 그렇다고 당신의 '안정적이고 차분한 성향'이 나쁜지 좋은지 누구도 답할 수 없다. '그건 그냥 그런 것'이기 때문이다.

회사가 당신을 뽑지 않는 진짜 이유

자, 그렇다면 세 가지 궁금증에 대한 해답을 토대로 기업이 당신을 뽑지 않는 이유를 찾아보자. 회사는 스펙도 보고, 자기소개서도 다 읽고, 직무 적성 검사에 대한 나름의 기준을 가지고 있다. 그런데 아무리 생각해도 하자가 없는 당신은 왜 안 뽑히는 것일까? 그것은 당신이 능력이 없어서도, 인성이 나빠서도, 하자가 있어서도 아니다. 그건 그냥 '레벨'이 서로 맞지 않기 때문이다.

　구직자들이 하는 가장 큰 착각 중의 하나는 '회사는 실력 있는 사람을 뽑는다'는 것이다. 사실은 그렇지 않다. 회사는 실력 있는 사람을 뽑는 것이 아니라 '레벨이 맞는 사람'을 뽑는다. 대기업은 대기업에 들어올 수 있는 사람만 뽑고 중소기업은 중소기업에 들어올 수 있는 사람만 뽑는다. 그 반대의 경우는 거의 일어나지 않는다. 대기업에 맞는 사람이 중소기업에 지원한다고 해도 그 중소기업은 지원자에게 합격 대신 불합격을 통보한다. 삼성전자의 1차 벤더협력 업체에서는 절대로 삼성전자에 어울리는 직원을 뽑지 않는다는 이야기이다.

하지만 이는 꽤 불합리해 보이기도 한다. 좋은 인재가 중소기업에 오겠다는데 왜 거부하는 것일까? 이유는 명백하다. 첫째, 중소기업의 오너는 해당 구직자를 합격시켜도 절대 오랫동안 회사 생활을 하지 않을 것을 알고 있다. 둘째, 오랫동안 회사 생활을 하더라도 각종 부작용이 생기고, 그것이 주변 동료들에 나쁜 영향을 미칠 것을 알고 있다. 셋째, 좋은 인재로 키워놓더라도 결국 대기업에서 그 인재를 빼 갈 것을 알고 있다.

이것은 무엇을 의미할까? 자신이 원하는 기업에 취직이 안 된다는 것은 상호 간의 레벨이 맞지 않다는 의미이다. 지원자가 내세우는 스펙이 아무리 좋아도 회사는 그 스펙만 보는 것이 아니라 인재의 모습과 회사의 철학과 방향성, 그리고 미래의 비전이라는 측면에서 종합적으로 구직자를 판단한다.

하지만 이러한 사실을 잘 모르는 구직자들은 '왜 나는 학력도 좋고 스펙도 좋은데 안 뽑는 거야?'라고 의문을 갖는 것이다. 따라서 어떤 회사에서 당신을 뽑지 않는다면 그것은 당신의 스펙과 학력이 그들의 '레벨'에 맞지 않기 때문이다. 회사는 당신의 레벨이 너무 낮아도, 너무 높아도 뽑지 않는다. 즉, 레벨의 미스 매칭이 회사가 당신을 뽑지 않는 이유이다.

'열 번 찍어 안 넘어가는 나무는 없다'고 한다. 하지만 열한 번 찍고, 열

두 번 찍었는데도 넘어가지 않으면 그 나무는 당신이 넘어뜨릴 수 있는 나무가 아니다. 좋은 스펙과 실력을 갖췄더라도 우선 당신과 레벨이 맞는 회사에 지원해야 한다.

회사가 탐내는 인재로 업그레이드시켜줄 학습 모듈

회사가 가장 원하는 인재는 실무에 바로 투입할 수 있는 인재다. 물론 신입 사원에게 처음부터 큰 기대를 하지는 않겠지만, 그래도 회사가 원하는 어느 정도의 기술적 레벨을 갖추고 있다면 채용 가능성은 훨씬 높아진다. 그렇기에 '국가직무능력표준(NCS)'을 알아둘 필요가 있다.

이는 산업 현장에서 직무를 수행하기 위해 요구되는 지식·기술·소양 등을 국가가 산업 부문별·수준별로 체계화한 것인데, 해당 분야의 직무 명세서이자 인재 양성 지침서라고 할 수 있다. 즉 기업에서 직무를 수행하는 데 필요한 능력을 체계적으로 정리한 로드맵인데, 이를 성공적으로 수행한다면 회사가 당신에게 주목할 확률이 높아진다.

더불어 직무 능력을 잘 습득할 수 있도록 만들어놓은 것이 '학습 모듈'이다. 이는 NCS의 능력 단위를 교육·훈련에서 학습할 수 있도록 구성한 '교수·학습 지도서'로써 구체적 직무에 대한 이론 및 실습과 관련된 내용을 상세하게 제시한 것을 말한다. 한마디로 전체 직무를 체계적으로 이해하고 배울 수 있도록 방법을 집대성해놓은 것이라고 보면 된다.

이에 대해 보다 구체적으로 알고 싶다면 국가직무능력표준 및 학습 모듈 통합 포털 사이트(www.ncs.go.kr)를 활용하면 된다. 단 한 번의 방문(One-stop)으로 학습 모듈, 활용 패키지와 같은 NCS 관련 콘텐츠를 다운받을 수 있고, 관심 분야에서의 경력 경로 설계 지원과 같은 다양한 서비스가 제공된다.

학생의 경우에는 관심 분야에서의 장기적인 목표를 설정하고 목표를 달성하기 위한 경력 경로를 직접 손쉽게 그려볼 수 있으며, 각 단계에서 필요한 교육·훈련이나 자격 정보를 얻을 수 있다. 구직자나 근로자의 경우에도 관심 있는 분야의 경력 경로를 설계해보고 해당 분야로의 취업 또는 이직을 위한 다양한 일자리 정보도 확인이 가능하다. 회사가 뽑을 만한 인재, 회사가 탐내는 인재가 되기 위해서는 자기 노력이 절실한 법이다.

스펙, 그리고
블라인드 채용

직무능력 중심의 인재 선발

지금처럼 취업 열풍이 거세지 않았을 때 입사기준은 비교적 단순했다. 시험·이력서와 자기소개서·면접이 당락을 결정하는 전부였다. 그런데 어느 때부터인가 이외에 수많은 자격요건이 제시되었고, 그것을 충족하기 위해 대학생들은 또 동분서주해야 했다. 기업에서 이력서의 학력란을 없애 지방대생이나 기타 대학생들이 차별 받지 않도록 하고 대신 스펙 등을 통해 다양한 형태의 채용 기준을 선보이며 1박2일 학습토론, 일주일 동안 여행을 다니는 등 색다른 면접 방식을 만들어내기도 했다. 하지만 이런 과한 면접 형태는 오히려 역풍을 불러오기도 했다. 기업 입장에서는 특화된 면접으로 지원자의 적성과 능력을 판단한다지만 기초적인 지표 없는 선발은 판단착오의 가능성을 높일 뿐만 아니라 비용도 크게 증가시켰다. 지원자 입장에서도 스펙에서 해방되나 싶어 쾌재를 부르겠지만 평가 기준은 더 모호해졌고, 스트레스만 가중되었다. 이처럼 취업경쟁이 다시 과열되다 보니 정부에서도 기업에서도 과열된 스펙 쌓기를 완화하기 위해 애쓰고 있다.

'일자리정부'를 표방하고 출범한 현 정부의 일자리 관련 여러 대책들이 발표되고 있는 가운데, 취업 제도에 있어서는 '블라인드 채용'이 단연 관심이다. 공기업과 공공기관에 우선 적용되는 '블라인드 채용' 방식에 있어서는 기존 NCS(국가직무능력표준) 방식의 '열린 채용'에서 한발짝 더 나아가 기본적인 인적사항과 관계된 사진, 나이, 성별, 가족관계, 출신지역 기재란을 삭제하였고, 학력사항과 관련된 학교명, 전공 성적란을 삭제하는 대신에 직무관련 과목이나 교육 이수사항을 기입하는 것으로 대체하였으며 외국어 능력이나 특기사항 기입란도 삭제하였다. 특히, 경력사항 관련해서는 '직책'이 '역할'로 바뀌었고 경력기관 '담당업무'가 '활동내용'으로 바뀌는 등 실질적인 직무역량에 초점을 맞추었다.

이러한 시대적인 취업제도 변화에 맞추어 이미 많은 민간 대기업들도 각종 새로운 제도들을 시범적으로 도입하여 실시한 바가 있다. 항공사가 승무원 채용 서류에 사진 붙이는 란을 없애는가 하면, 최고의 대기업에서 학교란을 없애고 채용했더니 수도권과 비수도권 학생의 선발비율이 기존의 7대3 비율에서 5대5가 되었다는 결과도 있다. 즉, 기존에 절대시되던 소위 '스펙 중심'의 선발에서 '직무능력 중심'의 선발로 전환하면서 불필요한 스펙 쌓기로 인한 사회적 비용도 감소하고 직무에 꼭 필요한 인재를 선발한다는 순기능들과 함께 '평등한 기회와 공정한 과정'이라는 제도의 본질적 측면이 대체로 좋은 반응을 얻고 있다. 물론 모든 제도에는 장단점이 존재하듯이, 블라인드 채용방식도 마찬가지로 또 다른 스펙을 만들어낼 거라는 비판과 열심히 공부해서 좋은 대학을 나온 사람과 학과 공부를 열심히 한 사람에게 오히려 역차별을 일으킨다는 의견도 있다. 극단적으로는 경력을 쌓느라 학과 공부를 소홀히 하게 되어 결국 대학 강의실이 붕괴될 것이라는 우려도 존재한다.

지역인재 취업난 해소

이런 가운데 비수도권 취업준비생을 중심으로 '지역인재 채용 의무화'가 주된 관심사로 떠올랐다. 혁신도시로 이전한 공공기관들이 지역인재를 채용할 수 있도록 한 근거는 '지방대학과 지역 균형 인재 육성에 관한 법률'과 '공공기관 지방 이전에 따른 혁신도시 건설과 지원에 관한 특별법'인데, 위 법률에서 말하는 지역인재는 해당 시, 도 소재 지역에서 대학을 나온 학생만을 가리키는 개념이다 보니 지역에서 초중고를 졸업하고 수도권이나 타지역 대학을 나온 후 고향에 돌아와서 일을 하고자 하는 청년들은 지역인재 혜택을 볼 수 없게 된다. 또한 위의 두 법률 모두 지역인재를 채용하도록 노력하여야 한다는 '권고'에 그치고 있어 그 실효성이 부족한 것도 사실이다. 국회의원들이 지역인재를 일정비율 이상 채용하는 것을 의무화하는 법안을 잇따라 발의하고 있지만, 블라인드 채용의 경우처럼 이 법안도 찬반의견과 역차별 논란이 공존하고 있어 통과를 낙관하기 어려운 상황이다.

현실적으로도 최근 3년간 지방으로 이전한 공공기관의 신규 채용자 2만 7,645명 중 지역인재는 3,330명으로 지역인재 고용비율이 12%에 지나지 않고, 더욱이 지난해 신규 채용 인원이 5명 이하였던 한국광물자원공사(강원)와 한국석유공사(울산)는 아예 지역인재를 뽑지 않기도 했다. 지역별로 2016년 지역인재 채용률을 보면, 부산은 27%(366명 중 99명), 대구는 21.3%(527명 중 112명)인 반면, 충북 내 공기업의 지역인재 채용률은 8.5%(318명 중 27명)에 그쳐 그 지역별 편차도 매우 큰 편이다.

역차별 문제를 해결하기 위해서는 충북, 충남 식으로 세분화하여 나눌 것이 아니라 충청권 등으로 권역을 광역화해서 인원을 선발하는 방법을 모색해볼 필요가 있고, 공공기관 정원은 쉽게 늘리기 어렵기 때문에 노사정 주체들이 '지역인적자원개발위원회'의 기능을 실질화하여 지역 공공기관에서 30% 이상 선발하도록 사회적 총의를 모아야 한다. 또한 지역 내 산학협력 강화와 산학일체형 도제시스템이나 일학습병행제 등을 적극 활용하여 지역 내 산업체에 꼭 필요한 인재를 양성하기 위한 협력도 중요하다.

구조적으로 누적된 지역인재 취업난! 모든 경제 주체의 총의를 모아 지역청년에게도 날개를 달아주자.

나라돈 100% 활용팁 13
국가장학금에 인센티브까지 지급받는 일·학습 병행제

향후 고졸 취업자의 취업 기회와 인센티브 확대는 물론이고, 일과 학습을 병행할 수 있는 다양한 제도가 준비되고 있다. '선 취업, 후 진학' 바로 그것이다. 이는 개념적 대안이 아니라 실제 현실에서 실천될 수 있는 강력한 제도적 뒷받침을 가진다. 이러한 제도적 변화를 숙지하고 있다면 자신의 미래를 설계하는데 큰 도움이 될 수 있다.

우선 교육부에서는 선 취업, 후 진학을 권장하기 위해 '취업 경험자 및 재직자 특별 전형'을 확대해 기업과 대학 모두를 지원한다. 어쨌거나 고졸 취업자들에게 기업이 대학 입학을 허용해야 하고, 이들을 받아들일 대학이 있어야 한다는 점에서 이러한 '양동작전'은 매우 현실적인 방안이라고 할 수 있다.

2013년까지 총 5,580명 정도가 대학에 진학했고, 오는 2016년까지 그 두 배인 1만 명까지 확대할 방침이다. 또 대학의 편입학 제도를 개선해서 재직자가 대학에 입학할 경우 우대하는 제도도 도입할 것으로 보인다. 대학 입학 시의 학비 부담을 경감하기 위해 국가장학금을 지급하고 여기에 인센티브까지 제공한다.

특히 남자들의 경우에는 군대 문제가 크다. 정작 중소기업에서 고졸자를 뽑았는데 1~2년 후에 군대를 가야 하는 난감한 상황이 생길 수 있기 때문이다. 따라서 고졸 근로자가 중소기업에 근무하다가 군대를 가더라도 기업에서 고용 관계를 계속 유지할 경우에는 해당 기업에 인센티브를 제공하고 전역 후에 해당 기업이 6개월 이상 고용 시에 장려금까지 지급하려고 한다. 이렇게 되면 군대에 있더라도 전역 후의 직장에 대해서 걱정하지 않아도 되고, 기업은 다시 돌아올 인력과 부담 없이 관계를 맺을 수 있다는 일석이조의 장점이 있다.

고졸 취업자들이 일과 학습을 병행할 수 있는 제도도 마련 중에 있다. 직장 내에서 일도 하고 공부도 할 수 있도록 하는 법률을 제정해서 2017년까지 총 1만 개의 기업에서 이를 시행하려고 한다. 그렇다면 취업자들은 굳이 대학을 가지 않고도 직장 내에서 얼마든지 대학을 졸업할 수 있는 환경을 누릴 수 있다.

대기업으로가는
'또다른길'

대졸의 이상적인 초봉은 3,210만 원, 현실은 2,329만 원

사회의 출발점에 선 청년들은 '첫 직장이 좋아야 한다'고 생각한다. 그래야 남은 인생에 더 많은 기회가 보장되고 더 편안하고 여유롭게 살아갈 수 있다고 생각하기 때문이다. 하지만 현실적으로 모든 사람들이 대기업에서 사회생활을 시작할 수는 없다.

물론 '나는 할 수 있어'라고 생각할지 모르지만, 문제는 대기업 입사 시험에 떨어진 거의 모든 청년들이 '나는 할 수 있어'라고 생각했다는 점이다.

하지만 이상과 현실 사이에는 큰 괴리가 있다. 최근 정부 조사에 따르면 청년 취업자의 88.6%가 직원 300인 이상의 중견기업이나 대기업을 선호했으며 희망 연봉은 3,210만 원이었다.

하지만 현실은 정반대이다. 300인 이상 기업의 신규 채용 규모는 2010년 이후 완전히 정체되어 있으며, 산업 발전 단계에 비추어 보아도 '고용 없는 성장'은 점점 더 심화되고 있다. 청년들의 91.4%가 300인 미만의 중소기업에서 일하고 있으며, 설사 취업했다 하더라도 실제 평균 연봉은 2,329만 원에 불과하다. 이러한 이상과 현실의 격차를 단기에 좁히기는 어려워 보인다.

자, 현실은 그렇다고 치자. 젊은 시절의 꿈과 야망을 좇는 것을 탓할 수만도 없고, 더 나은 조건에서 사회생활을 시작하고 싶다는 생각도 충분히 이해되기 때문이다. 다만 우리 청년들이 좀 더 유연한 방법으로 자신의 꿈과 목표를 향해 나아가는 방법을 잘 모른다는 점이다.

즉 단기적으로는 돌아가는 것처럼 보이지만 궁극적으로는 꿈과 목표를 실현해 나아갈 수 있는 길이 여러 갈래인데, 안타깝게도 우리 청년들은 치열한 경쟁과 상대적 비교 속에서 최선의 결과만을 좇으며 한방을 노리다가 잇단 헛방만 치고 있다. 위의 통계가 이를 여실히 증명해주고 있다.

첫 직장으로 대기업에 갈 수 없다면 두 번째 직장 혹은 세 번째 직장으로 대기업에 갈 수도 있다. 하지만 이러한 방법은 전혀 염두에 두지 않은 채 오로지 첫 직장으로 대기업에 가야 한다고 생각한다. 따라서 10명 중

1명도 되지 않는 8.6%만이 들어갈 수 있는 문을 향해 거의 모든 청년들이 돌진하면서 적지 않은 부작용이 발생하는 것이다.

대기업도 10명 중 4명은 경력직을 뽑는다

첫 직장으로 대기업에 갈 수 없다면 두 번째 혹은 세 번째 직장으로 대기업에 갈 수 있는 '또 다른 길'이 존재한다는 것은 통계가 증명하고 있다. 2011년 상반기 기준으로 매출 상위 100대 기업의 신입과 경력직 채용 비율을 보자. 대기업은 전체의 57%를 신입 사원으로 뽑고 43%를 경력직으로 뽑는다. 한 해 대기업 입사자 10명 중 4명 이상이 경력직이라는 것이다. 대기업에서 대기업으로 옮기는 경우도 많이 있겠지만, 중소기업에서 중견기업으로 뽑혀져 올라가고, 중견기업에서 다시 대기업으로 올라가는 경우도 많다. 그렇다면 졸업 직후 곧바로 대기업에 갈 수 있는 확률이 8.6% 정도로 지극히 낮은 상황에서 이렇게 중소 및 중견기업을 거친 후 대기업으로 가는 방법을 선택하는 것이 좀 더 유연하게 자신의 꿈과 목표를 향해 나가는 길이 아닐까?

물론 중소·중견기업에서는 대기업에서 숙련된 인재를 빼앗아 간다고 아우성이지만, 뒤집어서 개개인의 경우에 대입해보면 인력 공급에 있어 선순환의 공급망을 적극 활용하는 것으로 해석할 수도 있을 것이다. 실제로 최근에는 중소기업에서 10년 이상 일한 청년들을 대기업에 우선 채용되도록 제도적으로 뒷받침해주자는 이야기도 있다. 중소기업 근무 경력이 대기업 진출의 발판이 되는 선순환 구조를 만들어주자는 '중소기업 경력 인증 추천제'를 도입하자는 여론이 늘고 있기 때문이다. 숙련된 인력을 길러내 대기업에 추천한 중소기업에는 이에 상응하는 금융·세제 지원 등 인센티브 혜택을 주어 중소기업의 '인재 유출'에 대한 우려도 줄이고 인력 공급의 선순환 구조를 만들자는 것이다.

재미있는 사실은 국내 500대 기업 직원의 평균 근속 연수는 10.3년으로 10년을 겨우 넘기는 것으로 나타났고, 이 중 30대 그룹 계열사 직원들의 근속 연수는 9.4년으로 10년에도 못 미치는 것으로 조사되었다2013년 7월 31일자, 'CEO스코어' 조사 자료.

즉 직장인 10명 중 9명이 넘는 92.5%가 이직을 희망한다는 말이다. 더나아가 그토록 어려운 바늘구멍을 통과한 대기업 직원의 90.8%도 이직을 희망하며, 이들 중 61%는 실제로 이직할 예정인 것으로 나타났다 온라인 취업 포털 '사람인', 2013년 12월 23일 발표. 직장인 5,151명을 대상으로 '이직 의향'에 대한 조사 결과.

그렇다면 그들의 빈자리가 당신의 자리가 될 수도 있지 않을까? 비록조금 돌아가는 길일지라도 최종 목적지는 같다. 돌아간다고 해서 꿈과목표를 이루는 데 있어 손해는 절대 아니다. 오히려 이 길이 더 쉽고 빠를 수 있으며, 똑똑한 방법일 수도 있다.

어떤 길이든 정상으로 연결되어 있다

이 방법은 곧바로 대기업에 입사할 수 없는 사람에게 효과적이다. 우선 100% 만족은 못하더라도 현실에 맞춰 중소기업이나 중견기업에 들어가면 대기업에 취직하기 위해 쏟아붓는 시간을 절약할 수 있다. 대기업만 바라보며 3~4년간 구직 활동을 벌이기 전에 기회비용을 잘 따져봐야 한다. 중소기업의 임금이 대기업보다 아무리 낮다고 해도 수입 없이 일자리를 구하는 것보다 훨씬 많은 돈을 저축할 수 있고, 마음의 여유를 얻고, 경력까지 쌓을 수 있으니 일석삼조다.

또한 경력직으로 이직하면 경쟁이 완화된다는 장점이 있다. 대기업 신입 입사자보다 경력직 입사자의 경쟁률이 훨씬 낮을 뿐만 아니라 경력직은 나이나 학력 등 각종 제한과 차별에서 상대적으로 자유롭다. 신입 직원의 경우에도 나이 제한, 학력 차별 등은 없다지만 암묵적인 경계선은 여전히 존재한다. 경력직은 그런 제약에서 벗어나 좀 더 자유롭게 자신의 경력과 기술, 경험과 실력만으로 승부할 수 있는 것이다.

실제로 우리나라 청년들의 입직入職 연령은 잦은 휴학이나 대기업 입사 지원에 따른 재수, 삼수 등에 따라 점점 늦춰져 공무원의 경우 이미 28.7세가 되었다. 경제협력개발기구OECD 평균치보다 6년 정도 늦는 셈이다. 교육비 낭비는 물론 첫출발부터 늦기 때문에 특히 외환 딜러나 애널리스트처럼 빠른 판단력과 분석력이 요구되는 분야에서는 선진국과의 경쟁에서 뒤처지는 결과를 보이기도 한다.

"첫 직장이 좋아야 한다"는 말은 분명 일리가 있다. 하지만 오로지 그것을 성취하기 위해 시간을 허비하지 말아야 한다는 말은 더 일리가 있다. 거기다가 대기업 취업을 위해 3~4년간 시간을 허비하고 나면 나중에는 좋은 중소기업에도 당신의 자리가 없을 가능성이 높다. 아무리 중소기업이라고 해도 닥치는 대로 사람을 뽑지는 않기 때문이다. 시간과 기회를 잃고 계속해서 대기업만 바라보다 또 다른 기회를 놓칠 것인가, 아니면 중소 · 중견기업에 입사해 돈도 벌고 경력도 쌓고 나이 제한 없이 언제든 다시 대기업을 노릴 것인가?

삶을 살아가는 방법은 다양하다. 대기업과 공기업에 취업되지 않았다고 인생이 망하는 것도 아니고, 영원히 기회가 박탈되는 것도 아니다. 자신이 부담 없이 선택할 수 있는 최적의 길을 따라가다보면 분명 그 길도 산의 정상으로 연결되어 있다.

단기 계약직의 임금이 상승할 수밖에 없는 이유

청년층이 자신의 눈높이를 낮춘다는 것은 직장에서의 불안을 감수한다는 의미이기도 하다. 특히 그중에서도 단기 계약직은 가장 불안한 일자리라고 할 수 있다. 임금도 일반 계약직보다 더 낮게 책정된다. 하지만 향후 단기 계약직일수록 임금이 훨씬 더 높아질 가능성이 상당히 크다. 사실 이렇게 단기 계약직의 임금이 더 높아야 하는 것은 당연한 일이며, 기업 입장에서도 더 공평한 일이다.

예를 들어, 기업이 단기 계약직을 고용한다는 것은 곧 '고용의 유연성'을 확보한다는 의미이다. 일이 많으면 사람을 뽑았다가 일이 줄어들면 계약을 해지할 수 있기 때문에 기업 운영에 큰 부담이 되지 않는다. 그러니까 기업 입장에서는 단기 계약직을 고용함으로써 '경영상의 이득'을 얻을 수 있다.

하지만 이제까지 단기 계약직의 임금은 정규직에 비해 현저히 낮았다. 기업 입장에서는 '고용 유연성'은 물론 인건비 절감이라는 경제적인 효과까지 본 셈이고, 근로자들은 불이익을 당한 셈이다. 하지만 이런 구조가 계속 이어질 경우, 계약직 근로자들의 업무 질은 떨어질 수밖에 없다. 계약직의 질 좋은 노동력, 업무 성과를 바란다면 당연히 그만큼 정당한 대우를 해주어야 하는 것이 맞다.

많은 논란 속에서도 현 정부 들어 최저시급을 2020년까지 1만 원으로 올리고, 단기계약직 근로자의 정규직화를 추진하고 있는 점은 반가운 일이다. 따라서 앞으로는 '비록 근무 여건은 불안해도 많은 돈을 받을 수 있는 것이 단기 계약직'이라는 인식이 형성될 것이고, 곧 현실화될 것이다. 그런 점에서 정규직을 고집하며 나이만 들 것이 아니라 단기 계약직을 통해서도 일단 인생이라는 경주에 뛰어들고, 생활을 스스로 꾸려나갈 수 있도록 해야 할 것이다.

'대기업=안정'이라는
공식은 깨졌다

줄어드는 일자리, 하락하는 취업률

청년층 15~29세의 취업률은 고용 통계상 2013년 말 기준 39.7%로 전년도의 40.4%에 비해 0.7% 하락했다. 청년 고용률은 지난 21년 동안 지속적으로 하락해왔고, 2002년 당시 45.1%에서 10여 년 만에 40% 아래로 추락했다.

계속해서 떨어지는 고용 창출 지수

1990년 ··· 49%
2000년 ··· 30%
2011년 ··· 20%

• 고용 창출 지수가 떨어진다는 것은 상대적으로 양질의 일자리가 적어진다는 것이다.
• 언제까지 양질의 일자리만을 고집할 것인가?

반면 다른 연령대의 2012년 대비 2013년 고용률은 30~39세는 72.7%에서 73.2%, 40~49세는 78.3%에서 78.4%, 50~59세는 72.2%에서 73.1%로 모두 상승했다. 유독 청년 고용률만 뒷걸음질 친 것이다. 특히 2002년부터 2012년 사이 청년 인구가 줄어든 것보다 청년 취업자 감소가 두 배 빠르게 나타나는 등 청년 취업 시장이 계속해서 악화되고 있다.

그뿐만 아니라 청년 취업자 약 379만 명 가운데 임시 일용직에 종사하는 청년이 40%에 육박하는 147만 명이다. 즉 고용의 양뿐만 아니라 질도 그리 양호하지 못하다는 말이다.

또한 선진국 대비 우리나라 청년 고용률15~24세도 낮은 편이다. 2012년을 기준으로 경제협력개발기구 OECD 의 평균은 39.7%지만 우리나라는 24.2%로 한참 뒤처진다. 일본이 38.5%, 프랑스가 28.8%, 벨기에가 25.3%다. 우리와 달리 취업을 먼저 하고 공부를 나중에 하거나 두 가지를 병행하는 국가들인 네덜란드63.3%, 호주59.7%, 오스트리아54.6%, 캐나다54.5%, 노르웨이52.7% 등은 청년 취업률이 50%를 훌쩍 넘는다. 우리나라의 경우 통상적으로 대학교까지 교육을 마치는 시점이 여자는 22~23세, 군대에서 의무 복무를 해야 하는 남자는 25~26세이다. 이 점을 감안하더라도 한국이 여타 OECD 나라에 비해 청년들의 일자리 여건이 녹록하지 않은 것은 분명하다. 과연 이들 국가들과 우리나라의 차이는 어디에서 비롯된 것일까?

한편 대통령 직속 청년위원회가 설문조사 등을 통해 내놓은 내용을 보면, 청년들 스스로 취업이 어려운 이유를 '본인의 실력보다 더 좋은 직장을 선호하기 때문' 45.9%으로 꼽았다.

대기업의 근속 연수, 길어봤자 10년

직장 생활을 비정규직으로 시작하고 싶은 사람은 없을 것이다. 고용이 불안정하면 미래에 대한 불안함을 떨칠 수 없어서이다. 특히 비정규직은 최장 고용 기간이 2년을 넘을 수 없다. 그래서 비정규직의 직장 생활은 2년이란 유통기한이 정해져 있다. 그래서 우리 사회에는 '정규직=안정, 비정규직=불안'이라는 등식이 성립되어 있다. 그런데 이러한 등식은 믿어도 되는 것일까? 정말 정규직은 안정된 생활을 누릴 수 있고, 비정규직은 끊임없는 고용 불안을 느끼면서 직장 생활을 해야 하는 것일까? 우리 머릿속에 있는 이러한 이미지에 혹시 우리가 몰랐던 '허수'가 존재하는 것은 아닐까?

앞에서도 보았듯이 대기업 정규직의 평균 근속 연수는 대략 10년 정도다. 하지만 이는 '평균'일 뿐 우리가 잘 아는 일부 기업의 평균 근속 연수는 10년보다 훨씬 짧다. 청년들이 가장 가고 싶어 하는 회사 중의 하나인 삼성전자의 평균 근속 연수는 7.8년이며, LG 역시 9년에 불과하다.

대부분의 청년들은 대기업에 한 번 입사하면 평생 다닐 수 있다고 생각한다. 하지만 이는 현실과 전혀 다르다. 아무리 치열한 경쟁을 뚫고 들어간다고 해도 평균 10년이 되지 않아 다른 회사로 옮기거나 아예 퇴직하기 때문이다. 자의가 아닌 타의에 의해 회사를 더 이상 다니지 못하는 경우도 부지기수이다. 기업들은 경기의 파고에 따라서 구조 조정을 하고, 명예퇴직을 종용하고, 심지어 기업 자체가 망하기도 한다. 기업 간, 계열사 간 또는 사업부 간 통폐합을 하는 경우도 많은데, 그때는 그 부침이 더욱 심해진다.

이 과정에서 같은 직원들 간에도 갑과 을이 생겨나고, 이를 받아들이지 못하는 직원들은 자발적으로 그만둘 수밖에 없는 상황에 처한다. 때로는 강도 높은 '인력 퇴출 프로그램'을 실시해 의도적으로 직원들을 내보내기도 한다. '대기업 입사'가 인생 역전을 위한 마지막 승부인 것처럼 생각되지만 말 그대로 '산 너머 산'이 아닐 수 없다.

대기업의 또 다른 장점인 '높은 연봉'도 그리 반길 일만은 아니다. 그만큼 노동 강도가 세다는 것을 의미하기 때문이다. 야근은 기본이고 주말 없이 지내야 하는 경우도 많다. 회사에서 많은 복지 혜택을 제공하는 것도 더 양질의 노동력을 끌어내기 위함이다. 그것을 누릴 때에는 표면적인 자부심을 느낄 수 있지만 결과적으로는 그에 상응하는 노동력을 제공해야 한다.

그렇다면 주요 코스닥 등록 기업들의 평균 근속 연수는 얼마나 될까?

놀랍게도 인터파크는 1.3년, 메가스터디는 2.6년 정도였다. 거의 비정규직 수준이다. 비정규직과 정규직의 처우에 대한 차이는 있을 수 있어도 대기업이나 코스닥 등록 기업 자체가 '안정적인 직장 생활'을 보장하고 상징하기에는 역부족이다.

대기업=안정? 안정된 것은 아무것도 없다

만약 대기업의 임원으로 올라선다면 안정적인 노후가 보장될까? 이것도 만만치 않다. 우선 대기업에서 임원이 되는 것 자체가 무척 어려운 일이기 때문이다. 신입 사원이 대기업 임원으로 승진할 확률은 겨우 0.8%에 불과하다. 결국 1,000명의 신입 사원 중 단 8명만 임원이 될 수 있다.

거기다가 대기업 임원이라는 타이틀은 이미 언제든 해고될 위험을 내포하고 있다. 그뿐만 아니라 임원은 권한에 비해 책임감은 매우 막중하다. 그래서 임원이 되더라도 한 달 뒤에 잘릴 수도 있고, 6개월 뒤에 해고 될 수도 있다. 임원은 일반 직장인처럼 고용법에 저촉을 받지 않기 때문에 언제든지 해고가 가능하다. 설사 대기업 임원이 된다고 하더라도 안정된 고용을 보장받기 힘들기는 마찬가지이다. 오죽하면 임원들끼리 본인들을 '일용직 근로자'라며 자조 섞인 농담을 주고받을까.

결국 대기업에 들어가고, 그 안에서 0.8%가 되거나 잘나간다는 IT 회사나 벤처기업에 들어간다고 해도 확실한 것은 없다. "법적인 정년이 60

세로 늘어났다"는 말 역시 별로 의미가 없다. 이는 "이제 우리나라에도 100세 시대가 열렸다"라는 말과 동일하다. 100세까지 살 가능성은 있지만 30대에 위암으로 죽는 사람도 부지기수이기 때문이다.

그렇다면 이제 정반대의 경우를 살펴보자. 비정규직이라고 계속 불안정한 삶을 살아갈까? 신세계는 2013년 10월 말 1만 1,000명의 비정규직 직원을 정규직으로 전환했다. 최근 기업은행도 고졸 직원을 대상으로 무기 계약직으로 출발해 2년 후에는 정규직으로 전환할 수 있도록 했다. 남양유업도 최근 비정규직 649명을 정규직으로 전환했으며 현대자동차도 사내 협력 업체 1,856명을 정규직으로 전환했다. 물론 이러한 현상이 기업의 자발적인 노력보다는 최근 사회 분위기와 정부의 정규직 전환 정책에 편승한 일시적인 조치일 수도 있다.

하지만 당사자들에게는 인생의 새로운 전환점이 된 것은 분명하다. 아마 그들도 처음에는 불안한 직장 생활을 했을 것이다. 또 비정규직이라고 좌절했을 수도 있다. 하지만 이들은 비정규직으로라도 사회생활을 시작했기에 정규직 전환이라는 행운을 얻을 수 있었다.

물론 이렇게 비정규직에서 정규직으로 전환된 사람들 역시 결국에는 또 다른 치열한 경쟁의 장에 들어선 것이나 마찬가지이다. 그들 역시 평균 근속 연수가 10년이 되지 않아 회사를 옮길 가능성도 있고, 추후 또 다른 '인력 퇴출 프로그램'의 대상이 될 수도 있다.

여객선이 낡았다고 승선하지 않는다면?

여기에 낙도 고향 집에 가는 두 척의 여객선이 있다고 하자. 하나는 화려하고 고급스러우며 빠른 여객선이고, 또 하나는 그보다 훨씬 시설이 좋지 않은 여객선이다. 이 두 척의 여객선을 비교한다면, 대부분 돈을 조금 더 주더라도 화려하고 고급스러운 여객선을 타고 싶어 할 것이다. 하지만 좌석이 매진되어 첫 번째 여객선을 탈 수 없다면 다른 여객선이라도 타는 것이 중요하다. 구석자리에 앉든 매달려 가든 일단 출항을 해야 목적지에 가까워질 수 있기 때문이다.

만약 당신이 앞에서 언급한 회사의 비정규직 일자리에 들어갈 기회가 있다면 어떨까? 만약 당신이 '비정규직'이라는 이유만으로 그 기회를 스스로 걸어찬다면 어떨까? 아마도 정규직 전환의 행운을 잡지 못할 것이다. 하지만 비정규직이라도 선택한다면 비록 호화 여객선은 아니지만 조금씩 목표를 향해 나아가다 행운을 잡을 수도 있다.

행운은 아무에게나 주어지는 것이 아니다. 복권에 당첨되려면 복권을 사는 최소한의 노력을 기울여야 하며, 정규직 전환의 행운을 얻으려면 정규직 전환 대상이 되는 자리에 있어야만 기회가 온다. 앞에서 살펴보았듯이 우리의 열악한 고용 상황을 감안해보면 가장 어리석은 사람은 '보잘것없는 비정규직을 선택한 사람'이 아니라 시시하다고 그 비정규직에 올라타지 않고 아직도 항구에서 서성대며 호화 여객선에 대한 미련을 버리지 못한 채 대기표를 사려는 사람이다.

물론 정규직이 좋다는 사실을 모르는 사람은 없다. 하지만 최소한 '정규직=안정, 비정규직=불안'이라는 공식만큼은 이제 의미가 없어졌다. 중요한 것은 냉엄한 현실 앞에서 생존하느냐 마느냐이다. 생존 앞에서는 어떤 구분도 무의미해질 수 있으며, 생존의 몸부림 앞에 정규직 전환이라는 행운의 여신이 미소 지을지 누가 알겠는가?

고용 확대와 비정규직 선택의 딜레마

정부에서 북유럽 등의 일자리 창출 성공 사례를 면밀히 분석해 장기적으로 고용의 양과 질, 두 마리 토끼를 잡겠다고 야심 차게 발표한 것이 바로 '시간 선택제 일자리'이다. 하루 4~6시간 자신이 원하는 시간을 선택해 근무하는 일자리로, 일한 만큼에 한해서 정규직과 동등한 대우를 받는다. 시간 선택제 일자리는 경력 단절 여성, 중장년층 등의 실업 문제에 대응하기 위해 현 정부가 권장하는 고용 방식인데, 일각에서는 더 열악한 청년층 일자리를 만들어내는 수단으로 악용될 것이라는 거센 비판도 일고 있다.

비판의 핵심은 과연 이 제도가 양질의 일자리를 만들 수 있는가, 고용 안정성을 확보해줄 수 있는가, 근로 조건에 있어 정규직과 동일한 대우를 보장할 수 있는가, 그리고 대기업뿐만 아니라 중소기업에서도 시간제 일자리 제도가 확대될 수 있는가를 우려하는 것이다.

국가정책적인 노력에도 산업구조와 사회구조는 비정규직이 계속 더 늘어날 수밖에 없게 변화되고 있다. 고용 정체 추세 역시 장기화될 가능성이 높다. GDP가 늘어날수록 고용 창출 지수는 점점 떨어진다. 1990년도의 고용 창출 지수는 49.1%였다. 2000년에는 30.46%, 2011년도는 22.42%다. 이는 정부가 인위적으로 떨어뜨릴 수도 높일 수도 없는 일이다. 특히 대기업들이 지속적으로 아웃소싱을 선호하는 상황에서 비정규직의 숫자는 늘어날 수밖에 없다. 특히 2008년 글로벌 경제 위기 이후 기업들은 환 리스크를 줄이기 위해 공장 자체를 해외로 옮기는 추세다. 해외에서 국내 글로벌 기업들의 제조 공장이 활발하게 가동된다는 것은 대한민국에 대한 자부심과는 별개로 국내의 고용 시장을 악화시키는 일이다. 이러한 상황에서 계속해서 정규직만이 안정된 직장 생활이라며 비정규직에 승선하지 않는 것은 그만큼 자신의 꿈을 뒤로 늦추는 것이다.

자, 이제 더 이상 머뭇거리지 말자. 원대한 계획과 꿈에 다가가려는 의지가 있다면 다소 불편한 여객선이라도 일단 승선하는 게 꿈에 좀 더 가까이 다가가는 방법이다.

비정규직의 불합리한 처우 대비를 위한 A to Z

'차별 없는 일터'를 만들기 위한 노력이 점점 더 구체화되고 있다. 법적·제도적으로 정비되고 있는 만큼 구직자들이 비정규직 차별화에 대한 정부의 정책을 알고 있으면 훨씬 유리하다.

우선 과연 무엇이 '차별'인지부터 알아야 한다. 이는 비정규직 혹은 단기 시간제 근로자가 정규직(통상 근로자, 직접 고용 근로자)에 비해 임금이나 정기적인 상여금, 성과금을 비롯해 그 밖의 근로 조건, 복리 후생에 있어서 합리적인 이유 없이 불리하게 처우받는 것을 말한다. 한마디로 정규직과 동일한 시간에 동일한 노동을 하면서 뭔가 다른 대우를 받고 있다면 그 모든 것을 '비정규직 차별'이라고 정의할 수 있는 것이다. 이런 차별을 막는 다양한 제도와 규칙이 있다.

단기 시간제 근로자의 경우에는 주요 근로 조건을 명시한 계약을 서면으로 해야 한다. 여기에는 근로계약의 기간, 휴가, 임금의 구성 항목 및 지불 방법은 물론 해야 할 업무에 대한 분명한 명시가 있어야 한다. 만약 이를 위반할 경우에는 즉시 과태료 500만 원이 부가된다. 1인 이상 모든 사업장에 적용되기 때문에 사실상 대한민국에 있는 모든 회사와 작업장에 적용된다고 할 수 있다.

또한 초과 근무를 할 때에는 반드시 가산 수당을 받아야 한다. 일반적으로는 통상 임금의 50% 이상을 가산해서 지급해야 하며 5인 이상의 사업장에 적용되고 있다. 또한 업주가 고의적이고 반복적으로 차별했다면 손해액의 3배까지 보상받을 수도 있다.

아버지와 아들,
세대 간 취업 전쟁 시대

니트(NEET)족: 취업도 하지 않고 취업 교육도 받지 않는 사람들

2005년 ··· 57만 명
2013년 ··· 72만 명

무려 15만 명 증가

중요한 건 그들 중 누구도 니트족이 되길 원하지 않았다는 사실이다.

대한민국 역사상 처음 등장한 전쟁이 있다. 바로 아버지와 아들 간의 전쟁이다. 기성세대와 청년층이 사회구조적인 문제로 인해 직업을 쟁탈하기 위해 격돌하는 것이다. 말 그대로 '세대 간 전쟁'이 시작되었다.

가장 큰 이슈는 '일자리'다. 정년이 60세 이상으로 연장되면서 청년들의 일자리가 줄어들 것이 뻔하기 때문이다. 이를 두고 청년들은 자신들에게 더 많은 기회가 오지 않는다며 불만을 터뜨리고 있다.

하지만 노장들이라고 할 말이 없는 것은 아니다. 평생 자녀들을 키워오면서 했던 고생은 물론이고, 그들의 교육비로 돈을 상당수 썼기 때문에 노후 준비를 제대로 못한 사람이 부지기수이기 때문이다. 이런 문제에 대해서는 여러 가지 해법이 나오고 있지만, 그것이 정책적으로 실현되기에는 또다시 시간이 필요하다. 하지만 꺼야 할 불은 이미 발등에 떨어졌다.

기업은 숙련공을 원한다

하지만 단순히 사회 이슈에 대한 나름의 생각을 정리해보자는 것은 아니다. 지금 당장 일자리가 줄어드는 이 상황은 결과적으로 당신에게도 직접적인 영향을 미치는 문제일 수밖에 없기 때문이다. 미래를 위해 뻗어나가야 할 당신과 그 미래를 깎아먹는다고 생각되는 아버지들 혹은 먹고 살아야 하는 아버지와 그 절박함을 방해한다고 생각되는 아들들…… 이 세대 간의 전쟁에 대한 해법은 없는 것일까?

사실 몇 가지 답은 이미 나와 있다. 아버지를 내치고 아들이 살 것인가, 아니면 아들이 희생해서 아버지를 살릴 것인가? 문제는 어떤 선택이 현재에도, 그리고 미래에도 더 합리적이냐는 것이다.

세대 간의 전쟁에서 가장 먼저 살펴봐야 할 것은 기업의 입장이다. 결국 아버지든 아들이든 기업이 제공하는 일자리를 가지고 다투기 때문에 기업의 입장이 이 문제를 푸는 단초가 될 수 있다. 정년연장법에서 우리가 초점을 맞춰야 할 부분은 300인 미만의 기업, 즉 중소기업에 주어지는 혜택이다. 물론 정년연장법은 모든 사업장에 적용되지만 중소기업에서 이를 시행할 경우에는 더 많은 혜택이 지원된다. 300인 미만 기업에서 정년을 60세로 연장하거나 정년을 55세로 하고, 정년퇴직한 근로자를 재고용하면 6개월에서 2년간 고령자 고용 연장 지원금이 지급된다. 그렇다면 기업 입장에서는 이러한 제도를 반길 것인가, 아니면 반기지 않을 것인가?

일반적으로 기업에 '고령자를 계속해서 고용하라'고 강제하면 싫어할 것처럼 생각한다. 생산성도 떨어지고 관리도 제대로 되지 않을 것 같기 때문이다. 하지만 실제로는 정반대이다. 핵심은 이들이 중소기업이라는 점이다. 중소기업은 제조업이 큰 비중을 차지하고, 제조업에서 가장 많은 비중을 차지하는 것이 바로 실질적인 기술을 가진 사람이다. 그렇다면 젊은 사람과 고령자들 중 누가 더 기술적으로 숙련되었을까?

당연히 더 많은 시간 동안 일했던 고령자들이다. 이들은 최소 10년에서 20년 이상 동일 분야에서 근무하면서 숙련공으로 지내왔다. 기업의 입장에서는 언제 떠날지 모르는 청년층에게 기술을 가르치기보다는 오

랜 시간 함께 일해왔으며 당장 완제품을 만들어낼 수 있는 고령층 숙련
공을 훨씬 선호할 수밖에 없다. 거기다가 이제 수명 100세 시대가 다가
오고 있으며 '유병 장수 시대'라는 말도 있듯이 50대 중반이라고 하더라
도 충분히 일할 수 있는 체력적 조건을 갖추고 있다.

따라서 기업들은 그간에도 정년에 임박한 고령 기술자들을 퇴직 이후
에도 계약직으로 쓰는 경우가 허다했다. 정년연장법이 없어도 알아서 계
약직이라는 이름으로 정년을 연장해왔는데, 이제 나라에서 혜택까지 따
로 주겠다고 나서니 두 손 들고 반기지 않을 이유가 없는 것이다.

고용 없는 성장 시대에 공존 해법은?

기업들의 이러한 현실적인 수요 때문에 결국 청년들의 신규 진입은 어느
정도 손해를 볼 수밖에 없는 상황이다. 특히 중장년층의 취업률이 높아
지면서 이른바 '취업률 상승 곡선의 디커플링 Decoupling' 현상이 생겨나고
있다. 전체적인 고용률은 높아지지만 상대적으로 중장년층의 고용 곡선
은 상승세를 타는 반면 청년층의 고용률은 그에 미치지 못한다. 이는 중
장년층에게는 일자리도 많고 그 일자리의 질을 따지지 않고 일할 의욕도
강하다는 것을 말한다. 더 문제가 되는 것은 이러한 현상은 시간이 흐를
수록 더욱 가속화될 것으로 보인다는 점이다.

현재 300인 이상 대기업의 청년 채용자 수는 지속적으로 감소하고 있

다. 2005년 이후 대기업의 청년층 취업자 감소 비율은 17.3%다. 반대로 청년층의 비정규직 취업은 전년 대비 2.1%가 늘었다. 그러나 여전히 26만 개의 자리가 비어 있는 상황이다. 시간이 흐를수록 청년층이 취업을 하지 않는 이 빈자리에 중장년층이 파고들 여지가 많다는 것을 의미한다. 청년들은 일자리가 있어도 그것을 선택하지 않고 계속 취업 준비만 하는 반면 일할 의욕이 강한 중장년층은 일자리의 질을 따지지 않고 취업하고 있다. 여기에 정부는 정년연장법으로 이들을 도와주고, 또한 기업에서는 그렇지 않아도 반가운 정책을 정부에서 추진해준다니 환영하는 셈이다.

그러면 이제 청년들은 어떻게 해야 할까? 대기업의 청년층 취업자는 앞으로도 계속해서 감소할 것이고, 일자리 양극화는 불을 보듯 뻔한 일이다. 향후 수년간 '고용 없는 성장'이 이뤄질 것이라는 예견은 이미 확실시되고 있다.

쓰나미가 오면 피해야 한다. 안전한 곳으로 몸을 대피하고 다음을 기약해야 한다. 살아남아 기회도 오고 다음도 기약할 수 있다. 여기에서 산다는 것은 최소한의 경제적인 활동을 하면서 사회의 일원으로 참여하고 있어야 한다는 의미다. 가장 무서운 상황은 니트족이 되는 것이다. 취업을 하지도 않고 취업을 위한 교육을 받지도 않는 15~29세의 인구가 현재 72만 명을 넘어선다. 2005년에 비하면 7년 사이에 무려 15만 명이 늘어났다. 일단은 빨리 달리든 늦게 달리든 경주로에서 이탈하는 것은 막아야 한다. 하지만 니트족처럼 일단 경주로에서 한 번 이탈하면 다시 그 안으로 들어오기는 무렵다. '나는 니트족 따위가 될 리 없어'라고 자신할 수 있는 사람은 없다. 72만 명 모두가 니트족이 되고 싶어서 된 것은 절대 아니기 때문이다.

그리고 또 한 가지 결정해야 할 것은 이제 "아버지를 내치고 아들이 살 것인가, 아니면 아들이 희생해서 아버지를 살릴 것인가?"라는 질문에 대한 답이다.

전체 사회적·구조적인 문제를 한 집안의 문제로 상징화해서 답하는 것은 무리가 있을 수 있겠지만, 그렇다고 의미가 없는 것은 아니다. 만약 아버지와 아들이 일자리를 놓고 경쟁한다면 어떻게 해야 할까? 선택의 여지가 많지는 않지만 우선 아버지를 살리고 아들이 자신의 레벨을 한 단계 낮춰서 취업을 하는 것이 그나마 현실적인 방법이다. 아버지 세대는 사실 레벨을 낮추고 높이고 할 것 자체가 없다. 일자리의 질을 따지기보다는 일자리 자체가 중요하기 때문이다. 따라서 아버지가 레벨을 낮추는 것은 곧 일자리에서의 탈락을 의미한다.

하지만 청년층은 다르다. 여전히 26만 개의 일자리가 있음에도 그 일자리를 선택하지 않는다는 것은 자신의 레벨을 낮추려고 하지 않기 때문이다. 그렇게 버티다가는 다른 아버지들에게 일자리를 빼앗기고 본인은 영영 갈 곳을 잃어버리고 만다.

그래서 일단은 사회에 신규 진입을 해야 하고 니트족으로 전락하지 않기 위해서 경주에 참여해야 한다. 물론 사회 전체적인 관점에서 봤을 때에는 안타까운 일일 수 있다. 기술의 숙련 정도를 떠나서 청년층의 사회 진입이 활발해야 사회 전체가 역동성을 가지고 미래를 꿈꿀 수 있기 때문이다.

하지만 아버지와 아들의 전쟁을 막기 위해, 그리고 구성원 전체가 살기 위해서는 어쩔 수 없는 일이다. 청년층에게는 억울한 일이겠지만, 먼 미래를 본다면 굳이 또 억울할 것만도 없다. 만약 지금의 구조가 청년층에게 유리하고 중장년층에게 불리하게 굳어진다면, 당신이 중장년층이 되었을 때 그 불리함을 고스란히 받아들여야 한다.

해외 진출을 도와주는 믿음직한 도우미 리스트

해외 취업을 준비한다면 가장 믿을 만한 정보와 지원 제도를 갖춘 기관들을 적극적으로 활용해야 한다.

우선 '월드잡(www.worldjob.or.kr)'이 가장 대표적이다. 코트라와 유관 기관들이 한상 등의 민간 네트워크와 협업해서 현지에서 필요한 청년층 채용 수요를 꾸준히 게재하고 있다.

해외 정보 획득이 어려운 청년들을 위해 한국산업인력공단에서도 해외 통합 정보망을 운영하고, 해외 취업과 창업에 대한 상담과 알선을 실시하고 있다.

또한 현지에서도 청년들을 원스톱 지원하기 위해 코트라 무역관 등에서 'K-Move 센터'를 운영하면서 취업 및 창업 보육, 해외 유망 직종 알선, 멘토링, 현지 정착 등을 지원해주고 있다.

아울러 현지에 진출한 청년들의 정착을 확대하기 위해서 해외봉사단원(KOICA) 중에서 현지 전문가로 성장하기를 희망하는 청년에게 해외 창업 실무 교육은 물론이고, 현지 기업 취업 알선을 지원하고 있다.

공기업·공무원을
목표로 하는 청년들에게

청년들이 직업을 선택할 때 많이 고민하는 부분이 또 하나 있다. 바로 '공무원' 및 '공공기관', '공사'에 대한 것이다. 우리나라 청년층의 70%가 대기업이나 공공기관에 취업하기를 원한다는 통계가 있으니 가히 그 열기가 상당하다고 볼 수 있다. 9급 공무원 시험의 경쟁률만 해도 무려 70 대 1을 넘는다. 이 수치는 미래의 안정성과 삶의 편안함을 추구하는 젊은 세대의 욕구가 반영된 것이다.

하지만 공무원이 되려고 하기 전에 한번 생각해봐야 할 문제가 있다. 그것은 정말로 공무원이 성향에 맞느냐는 점이다. 안정적인 취업도 중요하겠지만 보다 장기적으로는 자기 인생의 행복을 결정하는 문제이기 때문에 청년들은 좀 더 진지하고 심각하게 생각해봐야 한다.

생활의 안정성? 성취감과 행복은?

공무원이 되려고 하는 상당수의 청년들은 예외 없이 '안정성'을 최대의 장점으로 꼽는다. 법으로 정년 보장이 되는 공무원들은 대한민국이라는 국가 자체가 망하지 않는 이상 갑자기 해고될 일은 없다. 게다가 정년퇴직을 하면 국민연금보다 훨씬 높은 금액의 공무원 연금도 받기 때문에 매력적으로 느끼는 것이다.

하지만 안타깝게도 '밥벌이 수단'으로써 공무원의 장점은 생각보다 적다. 물론 공무원들도 일에서 성취감을 느끼고 행복감을 찾을 수도 있겠지만, 그것은 정말로 공무원을 자신의 사명으로 생각하는 이들만이 느낄 수 있는 것이다. 결국 공무원을 '밥벌이'의 하나로 생각하고 접근하는 자세를 가진다면 그 장점은 안정성 하나에 그칠 수도 있다는 말이다. 한 번 각도를 달리 생각해보자. 사람이라는 존재는 정말로 '먹고사는 문제'만 해결되면 행복해질까? 한 10년 정도가 지나 애초에 목표했던 안정성이 달성되었다면 그때부터는 무엇으로 행복해질 수 있을까?

청년들이 그토록 들어가길 원하는 대기업도 민간 기업이 대부분이긴 하지만 공무원과 민간 기업 직원 사이에는 본질적인 차이가 있다. 바로 성취감의 깊이와 정도다.

공무원의 일은 기본적으로 '손안에 들어와 있는 파이를 적절하게 나눠주는 일'이다. 즉 정부가 거둬들인 예산이라는 파이를 가장 효율적이고 효과적으로 집행하는 일이다. 하지만 반대로 민간 기업에서의 일은 '어떻게 하면 더 많은 파이를 효과적으로 만들어낼 것인가?'를 기획하고 실천하는 것이다. 한쪽은 있는 것을 효율적으로 나눠주고, 또 다른 한쪽은 없는 것을 만들어내는 것이다. 근본적으로 출발점과 접근이 다르다.

자신이 도전적이고 새로운 것에 대한 호기심이 많다면 상대적으로 '있는 파이를 나누는 것'에 큰 흥미를 느끼지 못한다. 특히 이런 부류의 사람들이 안정적인 밥벌이 때문에 공무원이 되었다면 시간이 흐를수록 후회할 가능성도 커진다.

정부의 일과 민간의 일은 시간이 흐를수록 그 규모가 확연하게 뒤바뀌어왔다. 2014년 정부의 세출예산은 360조 원이다. 이는 삼성그룹의 총매출 390조 원에도 못 미친다. 그뿐만 아니라 2012년 48만 6,000개에 이르는 국내 법인의 총매출은 4,212조 원에 달했다.

최근 민간의 영역은 국가 공공의 영역과는 비교할 수 없을 정도로 그 규모와 범위가 확대되고 있다. 이는 곧 역동성의 차이이고, 글로벌로 확장할 수 있는 가능성의 차이이며, 청년들이 잡을 수 있는 기회의 차이이기도 하다.

공무원은 국가의 운영을 위해서 반드시 필요한 사람들이지만, 모든 사람들이 공무원이 될 필요는 없다. 국가의 역동성 측면에서나 미래 경쟁력 측면에서 보면, 오히려 글로벌 세계와 첨단 자본주의의 최전선에서 자신의 삶을 개척하고 더 크고 원대한 꿈을 꾸는 것이 청년의 패기와 열정에 더 어울리는 일은 아닐까?

안정을 갈망하는 청년들의 마음은 이해할 수 있지만, 이 세상에는 안정 말고도 이룰 수 있는 가치가 더 많다. 성취, 자유, 자아 완성, 그리고 더 큰 미래로의 도전이 그것이다. 무조건 공무원 준비를 하지 말라는 것이 아니라 정말로 자신이 공무원의 성향에 맞는 사람인지 먼저 점검해봐야 한다는 것이다. 순수하게 국가와 국민을 위해 봉사하겠다는 의지를 가진 사람이라면 당연히 공무원의 영역에서 자신의 삶을 개척해야 한다. 그것이 그에게 맞는 길이다. 그러나 그런 순수한 희생정신이 아닌 오로지 '안정적으로 월급을 받을 수 있다'라는 생각에서 공무원을 선택한다는 것은 오히려 자신의 삶의 질을 떨어뜨리는 것은 물론이고, 국가 행정의 질조차 떨어뜨릴 가능성이 있다.

진로를 정하고 직업을 선택하는 일은 순전히 개인의 선택이지만, 그 선택이 개인의 미래와 국가 경쟁력, 그리고 국민 전체의 행복을 좌우할 수도 있는 엄청난 것이라는 사실을 결코 잊어서는 안 된다.

원하는 회사 정보를 한눈에 볼 수 있는 전자공시시스템

구직자들이 회사에 대한 정보를 얻을 수 있는 경로는 한정되어 있다. 홈페이지나 블로그 혹은 언론 매체의 기사가 거의 대부분이며, 운이 좋으면 현재 회사에서 일하는 사람을 만날 수도 있다. 하지만 그보다 채용과 관련한 알짜배기 정보를 얻을 수 있는 곳이 따로 있다. 바로 '전자공시시스템(dart.fss.or.kr)'이다. 자산 70억 원 이상인 수천 개의 회사에 대한 아주 상세한 정보가 나와 있다. 홈페이지의 회사 소개와는 비교할 수도 없을 정도로 심층적이고 디테일하다. 분량은 무려 몇십 페이지에 달한다. 회사의 현재와 미래 좌표는 물론 당면 과제와 중장기적 과제 등을 한눈에 파악할 수 있다.

이 같은 정보는 면접 시 아주 유용하게 활용된다. 실제 나의 멘티들은 이 정보를 완전히 숙지한 후 면접에 임했을 때 합격률이 높다고 이야기할 정도였다. 지원자들이 모두 '거기서 거기'인 답변을 하고 있을 때 회사의 당면 과제를 이야기하고, 그것에 대한 자신의 생각을 보여준다면 틀에 박힌 빤한 면접에 지친 인사담당자의 눈을 번쩍 뜨이게 할 수 있다. 또한 전자공시시스템을 통해 얻은 정보로 자신만의 독특한 면접 서류를 낼 수도 있다. 회사의 갈 길에 대해 소비자층에게 설문조사를 하고, 이를 토대로 자신만의 의견까지 제시한다면 합격은 따놓은 당상이다.

고달픈 워킹맘,
'82년생 김지영'의 행복을 꿈꾸며

워킹맘의 팍팍한 현실

결혼, 임신, 출산, 육아, 그리고 가사노동까지. 이 모든 일은 마치 대한민국 여성들의 숙명처럼 여겨져왔다. 그러나 2017년 출판계를 강타한 소설 《82년생 김지영》을 읽는 순간, 커다란 망치로 맞은 듯 한동안 멍하니 아무런 말을 할 수 없었다. 공감을 위한 그 어떤 미사여구도 억지스런 강요도 전혀 없는 소설 속에는 우리 시대 어머니, 누나, 아내의 팍팍한 삶과 남성들의 인식, 아니 나 자신의 인식 격차가 고스란히 녹아 있었기 때문이다.

첫째 딸 출산과 동시에 육아에 전념하면 좋겠다는 나의 권유(?)에 아내는 잘나가던 회사를 그만두고 육아, 가사, 그리고 남편 뒷바라지에만 전념하게 되었다. 잠시 회사를 다녔던 아내는 둘째가 태어나자 다시 육아와 가사로 점철된 다람쥐 쳇바퀴 같은 생활을 이어가야 했다. 그러던 어느날, 냉기가 흐르는 거실 소파 한켠에 잔뜩 웅크리고 앉아 흐느끼던 아내를 발견하고 나는 소스라치게 놀랐다. 그렇다. 우리 시대 김지영들은 그렇게 내 앞에 있었던 것이다.

워킹맘에게는 시간이 돈보다 귀중하다는 말에 가슴이 짠해진다. 맞벌이를 하면서도 가사노동부터 남편 셔츠 다림질까지 하는 여성들을 위해 육아 부담에 대한 사회적 인식 변화와 워킹맘을 지원할 수 있는 사회정책에 대한 세심한 배려가 절실한 때이다. 정부는 일과 가정의 양립이 가능하도록 단시간 근로 활성화를 지원한다는 방침 아래, 남녀 근로자가 양육을 목적으로 사업주에 휴직을 신청할 수 있는 '육아휴직' 제도를 시행하고 있다. 또한 근로자 개인 여건에 따라 근무 시간과 형태를 조절할 수 있는 '유연근무제'도 시행중이다. 물론 사업주는 육아휴직을 이유로 해고나 그 밖의 불리한 처우를 해서는 안 된다.

그러나 육아휴직의 경우에는 휴직기간과 그 이후 근무평정 등 경력관리에서 불이익을 받는 것이 가장 큰 걱정이고, 유연근무제의 경우 업무를 대신할 동료들 눈치가 보여 활용이 매우 저조한 실정이다. 특히, 인원이 적은 중소기업의 경우, 휴직기간 대체인력에 대한 정부 지원이 있지만, 활용이 어렵다 보니 결국 직장을 그만두는 것이 현실이기도 하다. 출산 휴가를 신청하는 남성이 전체의 4% 수준밖에 안 되는 것만 보아도 현실의 팍팍함을 잘 알 수 있다. 육아휴직 후 경력관리에서 불이익을 배제하기 위한 노력과 대체인력 고용에 대한 지원을 확대해 육아휴직으로 인한 공백을 최소화시키는 노력은 어쩌면 당연하다. 노비에게도 출산휴가를 주고 남편에게도 배우자 출산휴가를 주었던 세종대왕의 지혜와 전통을 살리고, 남녀 간 임금 차별이나 고용 차별도 자연스럽게 개선해온 스웨덴의 '부모휴가제도'나 '아버지의 달'에 대해서도 효과 분석이 필요한 시점이다.

여성 고용률과 합계출산율 모두 낮을 수밖에 없는 악순환 구조

2030 기혼여성 333만 명 가운데 경력단절을 경험한 사람은 117만 명으로 전체의 35.2%에 달한다. 감소폭도 아주 미미한 수준이다. 경력단절여성과 관련하여 각 지자체에서 개별적으로 운영하는 경력단절여성에 대한 지원제도와 지원금, 고용센터에서 운영하는 '시간선택제 일자리 지원사업' 등이 있지만, 단순 노동이나 아르바이트 수준의 일들이 대부분이다 보니 경력단절여성이 얻는 새 일자리는 급여도 20% 정도 낮다.

여성의 초혼연령은 2001년 26.8세에서 지난해 30.1세로, 첫째 아기를 낳는 엄마의 평균연령은 2000년 27.68세에서 지난해 31.37세로 높아졌다. 더욱 심각한 것은 결혼을 늦추거나 아예 포기한 젊은이들이 늘고 있는 것이다. 2012년 이후 혼인 건수는 해마다 감소하고 있다. 일과 출산

가운데 양자택일을 하도록 강요받고 있고 불안한 미래와 경제적 이유가 복합적으로 얽혀서 여성 고용률과 합계출산율 모두 낮을 수밖에 없는 악순환 구조다.

여성 인재들에게 유리천정을 뚫고 올라갈 수 있도록 공정한 기회를 보장해야 하고, 출산과 육아를 당연하게 받아들이는 사회 분위기의 변화 조성이 무엇보다 중요하다. 육아휴직 보장, 유연·단축 근무제, 어린이집 운영 등의 가족 친화적인 직장문화 정착이 필요하고 '임신─출산─육아'에 이르는 다양한 생애주기별 정책 수립과 시행이 중요한 시점이다.

힘들게 아이를 키우지만 '맘충' 비난도 듣고 결국 그녀 주변의 여성들에게 빙의하는 증상마저 겪는 김지영! 이제 소설 속 82년생 김지영은 사라지고, 행복한 워킹맘으로 멋지게 부활하는 82년생 김지영을 꿈꿔본다.

나랏돈 100% 활용팁 18

맞벌이 부부를 위한 출산 · 양육 지원 정책

맞벌이 부부를 위해 2018년 7월부터 시행될 새로운 정책이 발표되었다. (임신육아종합포털 아이사랑 www.childcare.go.kr)

1. 출산 이후 가능했던 육아휴직 → 임신 중에도 가능

임신 중 육아휴직 기간은 최대 10개월이며, 잔여분은 출산휴가 후에 쓸 수 있다. 기존의 출산휴가 90일은 동일하게 시행한다.

2. 배우자 유급 출산휴가 → 3일에서 10일로 확대

기존 3일이었던 배우자 유급 출산휴가를 2022년까지 10일로 확대한다.

또한 한 자녀에 대해 부모가 차례로 육아휴직을 신청할 경우 이전에는 육아휴직 첫 3개월 동안 부부가 임금의 80%, 최대 150만 원까지 지급받았지만, 앞으로는 아빠가 엄마에 이어 육아휴직을 신청할 경우 3개월간 통상임금의 100%, 최대 200만 원까지 받게 된다.

3. 임신 중 근로시간 단축제도 → 임신 전 기간 가능

하반기부터는 임신 12주 이전과 36주 이후에만 쓸 수 있었던 '근로시간 단축 청구권'을 임신 기간 전체에 걸쳐 쓸 수 있게 되었다.

4. 육아기 근로시간 단축 기간 → 2배 확대

맞벌이 부부에게 꼭 필요한 제도로 만 8세 이하 또는 초등학교 2학년 이하 자녀를 둔 근로자는 근무 시간을 단축해 일할 수 있다. 기존에는 육아휴직과 합산해 1년 이내로 사용해야 하므로 육아휴직을 5개월 썼다면 육아기 근로시간 단축은 7개월간 사용 가능했다.

그런데 하반기부터는 육아휴직 잔여 기간의 2배로 확대한다. 예를 들어 6개월 육아휴직을 했다면 근로시간 단축 기간이 기존 6개월에서 최대 12개월까지 사용 가능하다.

육아기 근로시간 단축은 부모 모두 사용할 수 있으며, 육아휴직 신청 대상자라면 육아기 근로시간 단축도 신청할 수 있다. 단축 근로시간은 주당 15∼30시간으로 회사와 협의해 조절하면 된다. 출퇴근 시간 조절은 물론, 매일 출근할 필요 없이 3일 동안 8시간을 근무하는 방식도 가능하다.

단, 단축 전 근무시간이 주 30시간 미만이라면 일과 육아를 동시에 할 수 있는 상태로 보기 때문에 반드시 사업주가 허용할 의무는 없다.

그렇다면 급여는 어떻게 지급될까? 휴직이 아닌 근무를 하기 때문에 근로시간에 해당하는 급여는 회사에서 지급한다. 줄어든 근로시간에 비례해 월 150만 원 한도에서 통상임금의 80%(2017년까지는 60%)까지 정부에서 추가 지원한다.

PART 4

누구에게나
직×장
생활은
길어야
20년이다

앞으로 다닐 회사는
최고의 창업 스쿨

'나는 죽어도 사업은 하지 않을 것이다'라고 말하는 사람들이 있다. 이런 사람들의 생각은 충분히 이해할 수 있다. 주변 사람이 사업에 실패해 고통을 겪는 모습을 봤던 경우라면 특히 이러한 확신이 강하다. 물론 사업을 하느냐 마느냐는 전적으로 본인의 의지에 달린 일이기 때문에 그 누구도 강요할 수 없다.

그런데 지금의 현실은 누구나 한 번쯤 창업에 대한 고민을 하지 않을 수 없는 상황이다. 이는 정부에서 창업을 권하기 때문도 아니고 갑자기 국민들의 도전 정신이 높아졌기 때문도 아니다. 이미 사회가 그렇게 변하고 있어서다. 그리고 아무리 사업에 대해 부정적인 생각을 가진 사람도 '언젠가 창업을 해야 하는 건가?'라는 고민을 하지 않을 수 없다.

퇴직 후에는 무얼 할 것인가

우리 사회가 근대화 시기에 접어들 시점만 해도 굳이 많은 사람들이 창업을 고민하지 않아도 상관없었다. 입사 후 정년이 될 때까지 자녀들을 교육시키고, 또 그 자녀 역시 취직이 잘되었기 때문이다. 또 평균수명 자체도 그리 길지 않았기 때문에 노후에 대한 걱정도 크지 않았다. 물론 은퇴 자금의 유용이나 노후 대비 저축에 대한 강박도 그리 많지 않았다. 특히 '대마불사大馬不死'라는 말이 적용되었던 때였으니 큰 회사에 입사하면 동네잔치까지 열 정도였다.

하지만 지금은 모든 것이 달라졌다. 60세에 달하던 퇴직 시기는 금융업의 경우 빠르면 40대까지 내려갔고, 50대 초반만 되어도 여기저기서 눈치를 받게 마련이다. 그런데 더 큰 문제는 자녀들의 취업이 쉽지 않다는 사실이다. 최소 취업 재수, 삼수까지 부모들이 경제적인 지원을 해주어야 한다. 여기다가 본인 자신의 평균수명도 길어졌다.

결론적으로 돈을 벌 수 있는 시기는 짧아지고, 살면서도 부담은 가중되고, 앞으로 살아갈 날도 많아진 것이다. 말 그대로 '두 번째 인생'을 준비하지 않으면 심각한 위기를 겪어야 하는 상황이 펼쳐졌다.

따라서 평소에 창업에 대해서는 눈곱만큼도 생각하지 않았던 사람도 결국 은퇴의 시기가 다가오면 스스로를 고용해야 하는 상황에 직면하게 된다. 국내에 570만 명이라는 엄청난 숫자의 자영업자가 있다는 것은 곧 그만큼 일할 자리가 부족하다는 의미이기도 하다. 특히 40대 후반으로 넘어가면서 상당수의 직장인들이 한번쯤 장사에 대한 고민을 하게 된다. 남자의 경우 평균적으로 군대를 다녀와 입사하면 20대 중후반이 된다. 고작 20년 남짓 직장 생활을 한 후에는 더 이상 답이 없는 상황에 처하게 된다. 길어진 평균수명을 계산하면 퇴직 후에도 길면 50~60년, 최소 30~40년이라는 긴 시간이 남아있다. 많으면 이제까지 해왔던 직장 생활의 두 배에 가까운 시간들을 보내야 한다는 말이기도 하다.

문제는 갑작스럽게 창업하겠다고 해서 성공하는 것은 거의 불가능에 가깝다는 점이다. 실패율이 90%에 육박한다는 통계만 보더라도 창업에 도전한 '거의 대부분의' 사람들이 실패한다는 것을 의미한다.

실패의 원인은 다양할 수 있겠지만 무엇보다 '경험 부족'이 첫 번째라고 할 수 있다. 해당 분야에 대한 경험이 일천하기 때문에 돈을 아끼는 방법을 모르고, 시장 상황에 밝지 못하기 때문에 마케팅이나 홍보 방법도 잘 모를 수밖에 없다. 더 나아가 경험이 없으니 인맥도 부족하고 도움을 받을 사람도 쉽게 찾지 못한다. '7전 8기'라는 말이 주는 교훈은 '하다 보면 결국 성공하게 마련이다'가 아니라 '많은 경험을 쌓아야만 성공할 수 있다'는 의미이기도 하다. 경험이란 창업하는 데 가장 중요한 자본인 셈이다.

그런데 이러한 경험 부족을 해소할 최고의 방법이 바로 회사를 다니는 것이다. 지금은 성공한 창업가들의 경우 중고등학교 시절부터 창업이 꿈인 경우도 있었다. 하지만 경험을 위해서 일부러 회사에 들어간 경우도 많았다. 영업이 궁금한 사람들은 영업 파트에 지원해 몇 년간 근무하면서 해당 분야를 꿰뚫는 식이다. 회사는 이미 다년간 해당 분야에 대한 노하우를 가지고 있기 때문에 취직을 해서 일하면 지식과 정보도 쌓고 월급도 받으니 말 그대로 일석이조가 아닐 수 없다.

직장 생활 20년 후

지금 당장의 취업이 다급한 청년들에게 '창업'을 이야기하는 것이 시기상조라고 생각할 수도 있다. '우선 취업이라도 되어야 미래를 생각할 것이 아니냐'는 반문을 할 수도 있다. 하지만 지금 당장의 취업은 곧 20년 이후의 창업과 직결되어 있다. 자신이 전혀 관심이 없는 분야에 취업한다는 것은 은퇴 이후 창업의 싹을 자르는 것과 크게 다르지 않다. 싹이 없어지면 나무가 자랄 수 없듯이 취업할 당시 창업의 싹을 잘린 경우 '장사나 해볼까?'라는 생각조차 할 수 없게 된다. 그리고 어쩔 수 없이 창업을 하더라도 실패 확률은 90%를 넘어 100%에 이를 것은 불을 보듯 뻔하다.

하지만 요즘 시대에 대기업이든 중소기업이든 입사 후 20년 이상 한 회사에 재직하는 경우는 거의 드물다. 막상 은퇴할 시기가 다가와 위기감을 느낀 40대에 이직을 하는 것은 더더욱 어렵다. 그러니 취업을 하더라도 반드시 자신이 관심 있는 분야에서, 전문적인 지식의 스펙트럼을 넓힐 수 있는 곳에서 일할 수 있도록 하는 것이 중요하다. 회사 생활이야 말로 관심 있는 분야 전반에 대해 알 수 있는 최고의 사관학교이니 말이다. 바로 이것이 취업을 목전에 둔 구직자들이 창업까지 생각해야 하는 이유이기도 하다.

열린 마인드를 가진 중소기업 사장들 중에서는 "우리 회사는 나중에 창업하기에 최적의 조건을 가지고 있다"라는 말을 한다. 두루두루 배울 수 있으며 잘 준비하면 창업의 성공 확률이 높다는 이야기이다. 심지어 나중에 직원이 만든 회사와 파트너로 일하는 사장도 있다. 이는 곧 취업이 창업으로 연결될 수밖에 없는 삶의 과정을 말하는 것이며, 또한 이를 위해서는 경험이 최고의 지름길이라는 사실을 암시적으로 표현하는 것이다.

40년을 더 살아야 할 인생의 선택, 창업

현재 국내에 진출해 있는 외국계 회사인 O사나 G사의 경우 신입 사원에 대한 아주 독특한 제도가 있다. 입사가 결정된 후에 1년 동안 아무 일도 시키지 않는 것이다. 물론 월급은 꼬박꼬박 나온다. 기본적인 리포트 쓰기가 있기는 하지만, 그걸 못했다고 회사에서 해고를 하는 것도 아니기 때문에 질이 높든 낮든 상관하지 않는다. 이런 사실을 모르고 입사했던 신입 사원들은 초창기에 이른바 '멘붕'을 경험한다. 회사에 입사했는데 자신에게 일을 시키는 사람은 없고, 월급은 꼬박꼬박 들어온다. 대부분 처음에는 '도대체 나보고 뭘 어쩌라는 거야?'라며 안절부절못한다. 이때 신입 사원들은 두 부류로 나뉜다. 정말로 아무것도 안 하는 사원과 뭐든지 하기 위해 이리저리 뛰는 사원이다.

멘티 중에 최보영가명 씨가 O사의 신입 사원으로 근무했다. 처음에는 그녀도 무척 당황했다고 한다. 회사에 출근했지만 아무 일도 주지 않는 상황을 이해할 수 없었던 것이다. 혹시 뭔가 잘못됐나라고 생각했지만 정상적으로 합격 통보를 받았고, 제 날짜에 출근한 것이었다. 잘못된 것은 없었다. 시간이 며칠 흐르면서 그녀는 곧 깨달았다. 회사에서는 남에게 지시받기를 기다리는 사원이 아니라, 스스로 일을 찾아다니는 사원을 원한다는 사실을 말이다.

그 후 그녀는 정신을 차리고 팀 미팅에 참여하기 시작했다. 물론 먼저 최 씨를 부르는 팀은 단 한 곳도 없었다. 그냥 알아서 자발적으로 참석할 뿐이었다. 그렇게 마케팅팀, 영업팀, 기획팀 회의에 참석하고 자신이 할 일을 스스로 만들어냈다. 그렇게 1년이 지나자 그녀는 곧바로 실무에 투입되었고, 현재는 전산 PM으로 열심히 일하고 있다.

이 1년이라는 시간이 의미하는 바가 무엇일까? 그 시간은 '무엇이든 할 수 있는 시간'이지만 '아무것도 하지 않아도 되는 시간'이기도 하다.

결국 선택과 결정은 본인 스스로 하라는 말이다. 회사는 '무슨 일을 할지, 어떻게 할지, 왜 하는지조차 스스로 결정하라'라는 강렬한 메시지를 던져주기 위해 1년의 시간을 할애한 것이다. 이는 결국 스스로 뭔가를 하는 것이 얼마나 힘든지를 알려줌과 동시에 인생에서 그러한 선택과 결정이 얼마나 중요한지를 반증하는 것이라고 할 수 있다.

자, 이제 당신은 어떤 인생을 살 것인가? 물론 지금 당장의 취업도 중요하다. 하지만 앞으로 20년 후만 되어도 남은 30~40년을 어떻게 보낼지에 대해 아마 지금보다 더 많은 고민을 해야 할 것이다. 나이는 많아지고, 체력도 떨어졌기 때문에 선택할 수 있는 폭은 더욱 줄어들 수밖에 없다. 대기업이든 중소기업이든 어차피 떠나는 시기에서는 큰 의미가 없다. 결국 혼자 힘으로 남은 인생을 개척해 나가야 하는 것은 동일하기 때문이다.

그래도 아직 대기업만 바라보고 스스로 '월급쟁이'에 만족하면서 살아갈 것인가? 아니면 자신이 설정한 확고한 목표에 기반이 되는 회사를 선택하고, 그 안에서 창업의 싹을 키워나갈 것인가? 당신은 무엇을 선택하고 싶은가? 혹은 무엇을 선택해야 할 것 같은가?

원스톱 패키지로 창업을 지원해주는 청년창업사관학교

현재 창업을 지원해주는 정부 기관들은 많다. 그중에서도 종합적이고 다양한 지원을 해주는 대표적 기관은 바로 중소기업청과 중소기업진흥공단(www.sbc.or.kr)에서 운영하는 청년창업사관학교이다.

지원 대상은 39세 이하의 예비 창업자 및 창업 후 3년 미만인 사람이며, 고용 및 부가가치 창출이 높은 기술 집약 업종인 제조업과 지식 서비스 업종이다. 단, 기술경력 보유자는 신청·접수일 기준 만 49세 이하인 사람으로 일정한 기준을 충족한 자는 신청이 가능하다.

총사업비의 70%를 1억 원 이내에서 보조하며 사무실, 제품 개발실을 제공하고 기숙사, 식사도 함께 지원한다. 특히 31명의 전문가가 일대일로 전담해서 코칭해 전문성을 높이고 있으며, 창업 이후의 정책 융자, 투자, 마케팅, 입지 등 후속 지원까지 해주는 것이 특징이다.

무엇보다 국내 최초의 '원스톱 패키지 창업 지원'이라는 점이 눈에 띈다. 또한 중간 평가를 통한 퇴교 시스템으로 더 수준 높은 CEO를 양성하는 것에 목적을 두고 있다. 경기도 안산의 본원 이외에도 충남, 대구경북, 부산경남, 호남 청년창업사관학교가 있기 때문에 지역에서 지원받을 수 있다는 장점도 있다.

누구에게나 잠재되어 있는
창업 DNA

창업에 대해서 어렴풋이 생각하는 많은 청년들이 가장 궁금해하는 것 중의 하나는 '과연 나에게는 창업 DNA가 있는가?'라는 점이다. 창업이라는 것이 결코 쉽지 않은 길이다보니 자신에게 그러한 길을 걸어갈 원천적인 힘과 능력이 있는지에 대해 의구심을 갖는 것이다. 그런데 창업 DNA의 핵심은 다름 아닌 '리더십'이다. '혼자 하는 것은 장사, 직원과 함께하는 것은 사업이다'라는 말이 있을 정도로 창업에 필수적인 요소는 리더십이다. 하지만 대부분의 사람들은 창업의 성공 노하우는 차별화나 성실성이라고 생각한다. 또 리더십이란 대기업 오너나 경영자에게나 필요한 것으로 치부하는 경우도 많다. 하지만 창업한 후 혼자서 음식점이든, 카페든, 아니면 벤처기업이든 혼자서 할 수 있는 것은 한계가 있다.

어디든 사람이 필요하게 되고, 그들을 어떻게 활용해서 회사를 운영할 것인가가 관건이 되는 셈이다. 이때 필요한 것이 바로 리더십이다. 과연 리더십은 무엇일까?

책임감이 리더를 만든다

최근 몇 년 사이 리더십에 대한 이야기가 부쩍 많아졌다. 관련 서적도 많이 발간되고, 이를 별도로 가르치는 아카데미까지 있을 정도이다. 리더십은 직장 생활에서 반드시 요구되는 덕목이기 때문이다. 물론 리더십에 대한 정의도 많고, 그것을 어떻게 길러야 하는지에 대한 방법론도 수없이 제시되고 있다. 오히려 너무 많아 나에게 맞는 리더십은 어떤 것인지 찾기 어려울 정도이다. 무엇이든 핵심과 본질을 통찰하면 쉬워진다. 그것에 대한 관점도 명확하게 할 수 있을 뿐만 아니라 그것을 달성하기 위한 방법도 비교적 정확하게 알아낼 수 있기 때문이다.

많은 사람들이 리더십을 '사람들을 이끄는 능력'이라고 말하지만, 사실 그것은 표면적인 것이다. 사람을 이끄는 능력이라는 것은 또 다른 본질의 외형적인 표현이기 때문이다. 그렇다면 '본질'은 무엇일까? 바로 '책임감'이다. 사실 리더가 하는 대부분의 일들은 무엇인가를 책임지는 일이다. 가장 대표적인 것이 바로 최종 의사 결정을 책임지는 일이다. 리더는 아무도 알 수 없는 미래를 내다보고 리스크가 있을 수 있는 모든 상황에 대해 자신이 무한 책임을 지는 존재이다. 흔히 리더를 '외로운 사람'이라고 말하는 것은 그를 보좌하는 사람이 없어서도 아니고 조언해줄 직원들이 없어서도 아니다. 한 공간에서 일을 하고 시간을 보내도 결국 모든 것을 책임지는 사람은 리더 단 한 명이기 때문이다. 사람을 이끌어가는 능력도 마찬가지이다. 사람을 이끌어가는 것은 궁극적으로 그들을 '책임지는' 일이다. 그들의 월급을 책임지고, 그렇게 해서 직원들의 가족까지 책임지는 일이라고 할 수 있다.

리더도 사람이기에 부족한 면이 있을 수 있다. 실제로 그가 가진 리더십이라는 능력이 부족할 수도 있다. 하지만 그렇다고 당장 회사가 망하거나 문제가 생기지는 않는다. 하지만 딱 하나, 리더가 '책임감'을 갖지 못했을 때에 회사가 망하거나 문제가 생기는 것은 시간문제일 뿐이다. 더 나아가 리더는 끊임없이 어려운 상황에 처하고 의사 결정을 진행해야 하는 상황에 놓인다. 물론 이때에도 리더는 흔들릴 수 있고 실수할 수도 있다. 하지만 그러한 흔들림과 실수는 나중에 얼마든지 만회할 수 있지만 책임감 없는 리더는 도태되고 만다. 그래서 '내가 무너지면 모든 것이 무너진다. 그러니 내가 무한 책임을 지겠다'는 자세 없이 리더십을 발휘하는 것은 불가능하다.

그런 점에서 창업 DNA와 리더십에 대한 고민은 하나의 문제로 귀결된다. '과연 나와 나의 회사에 닥치는 모든 변수와 돌발 상황에서도 책임감을 유지할 수 있는가?'를 보면 된다. 이러한 자세와 의지만 있다면 리더십은 반 이상 완성되어 있다고 해도 과언이 아니다.

그 어떤 리더도 완벽할 수 없지만, 책임감이 없는 사람은 단 한순간도 리더가 될 수 없다. 직장인이라면 자신의 팀원들과 자신이 맡은 프로젝트에 대한 무한 책임이 될 것이고, 창업자라면 자신들의 직원과 사업의 성공에 대한 무한 책임이 될 것이다. 그래서 어려운 상황에서 도망가는 것이 습관이 되어 있는 사람 혹은 맞서 싸우기보다는 물러나는 성향을 가진 사람은 결코 리더가 될 수 없다.

리더십은 타고나는 것이 아니다

그렇다면 두 번째는 이러한 리더십과 창업 DNA는 과연 노력하면 길러질 수 있는가 하는 문제이다. 확실한 것은 창업에 대해 단 한 번도 생각해본 적이 없고, 그럴 의지가 없었던 사람도 분명 창업과 리더십에 대한 강렬한 열망을 가질 수 있고, 또 실제로 그러한 능력이 길러진다는 점이다.

멘티 중에 조석현가명이라는 친구가 있었다. 대학도 비교적 좋은 곳을 나왔고, 가정 형편도 여유가 있어서 어려서부터 가난을 경험해본 적이 없었다. 대학 초반까지만 해도 그의 목표는 취업 아니면 학자였다. 또한 그렇게 되는 것 자체가 그리 어려운 것이 아니어서 그저 지금까지 해왔던 것처럼 성실하게만 생활하면 되었다. 그런데 그가 변하기 시작했다. 창업 선배들과 자주 어울리면서 자신의 인생에 대한 생각이 깊어지고 자기정체성에 대한 고민을 깊게 하다가 어느 순간부터는 창업에 관심을 가졌고, 결국 대학을 졸업하면서 '창업을 하겠다'고 주변에 선언했다.

또 다른 멘티였던 임숙영가명 씨는 수의대를 졸업했다. 그녀는 한마디로 '곱게 자란 여학생'이었다. 부모님이 시키는 대로만 하면서 자랐고, 자신의 미래 역시 수의학과 관련된 연구소에 취직하거나 동물 병원을 개업할 거라고 생각하며 살았다. 그녀 스스로 "다른 세상은 없는 줄 알았다"고 말할 정도였다. 그런데 미국으로 교환 학생을 다녀온 뒤부터 바뀌기 시작했다. 자신이 몰랐던 또 다른 세계가 있다는 것을 느꼈고, 그때부터 창업에 관심을 갖더니 결국 수의학과 관련된 별도의 아이템으로 창업을 결심했다.

애초부터 완전히 결정된 창업 DNA나 타고난 리더십은 없다. 물론 처음부터 창업을 결심한 친구들을 보면 분명 차별화되는 지점이 있다. 호기심이 많고 학창 시절부터 여기저기 들쑤시고 다니다가 사고를 치기도 하고, 그러다 보니 도전 정신도 강하다. 그런 친구들은 물론 창업 DNA와 리더십을 타고났다고 볼 수 있다. 하지만 그런 것들은 얼마든지 후천적으로 길러질 수 있다. 따라서 '나에게 창업 DNA가 있는가?' 혹은 '나는 타고난 리더십이 있는가?'라는 의구심을 가질 필요는 없다. 그것은 얼마든지 길러질 수 있는 것이고, 분명 발전의 가능성이 있기 때문이다. 중요한 것은 그것을 할 것인지 말 것인지를 결정하는 일일 뿐이다.

창업 전 꼭 해봐야 할 창업 적성 검사

무작정 "나는 사업 스타일이 아니야"라고 말하기 전에 보다 객관적인 평가를 받아보는 것도 좋은 방법이다. 잠재력이란 말 그대로 '잠재'되어 있는 것이다. 따라서 자기 스스로 잘 모를 수도 있는 법이다.

현재 한국고용정보원(www.keis.or.kr)에서는 자신이 얼마나 기업가적 역량을 갖추고 있는지를 알려주고, 적성과 능력에 맞는 창업 업종을 추천해주는 '창업 적성 검사'를 개발해 취업 포털 워크넷 등을 통해 서비스하고 있다.

사업 지향성, 대인 관계, 문제 해결, 설득력 등 12개 항목별 역량에 대해 4단계로 평가해줄 있을 뿐만 아니라 기존의 성공한 기업가와 비교해 어떤 역량이 더 필요한지 스스로 깨달을 수 있도록 도와준다.

또 검사 결과에 따라 컴퓨터 운영 관련업, 음식료품 제조업 등 창업에 적합한 업종을 1순위부터 3순위까지 추천해주기도 한다. 워크넷에 접속하거나 전국 각 지역에 있는 고용센터를 방문하면 검사받을 수 있다.

성공적인 창업의 필수조건, 자기정체성

창업에 대해 가지는 가장 큰 오해 중의 하나는 바로 '사업은 많은 돈을 벌기 위해 하는 것이다'라고 생각한다는 점이다. '그냥 버는 돈'은 직장 생활을 통해서도 얼마든지 이뤄낼 수 있으니 '많은 돈'을 위해서는 사업을 할 수밖에 없다는 것이다. 정말 그럴까? 조금만 생각해보면 이 말의 모순이 얼마나 많은지 알 수 있다. 그런데 정말 중요한 것은 창업하기 전에 이러한 생각을 반드시 바꿔야 한다는 점이다. 만약 그렇지 않다면 반드시 앞으로 닥칠 위기에 제대로 대처하지 못해 실패할 수밖에 없다.

결론부터 말하자면 창업의 진짜 출발은 자신의 정체성에서부터 시작된다. 한마디로 '자기정체성'이 형성되지 않고 섣불리 사업에 뛰어들어서는 안 된다는 것이다. 자본이나 노력이 부족한 것은 창업의 과정에서도 극복할 수 있지만 자기정체성의 문제는 결코 쉽게 극복할 수 있는 문제가 아니기 때문이다.

이렇게 하면 망한다, 창업 실패 요인 2가지

'사업은 많은 돈을 벌기 위해서 하는 것'이라는 말의 첫 번째 오류는 '사업을 하면 많은 돈을 벌수 있다'는 착각에서 비롯된다. 하지만 많은 돈을 벌기는커녕 오히려 감당하기 힘든 수억 원의 빚을 질 수 있는 위험성이 배재되어 있는 것은 물론, 간신히 먹고사는 문제만 해결하는 수준에 머물 수도 있다. 오히려 이것저것 따져보면 매달 차곡차곡 월급을 받아 잘 운용하는 것이 안정적인 생활을 유지하기에는 훨씬 유리할 수도 있다.

특히 사업은 운용하는 돈의 크기가 완전히 다르다. 직장인에게 2,000~3,000만 원이면 큰돈이지만 사업하는 사람에게 그 돈은 한 달 운영비도 안 되는 경우가 허다하다. 그러니 정말로 돈을 벌고 싶다면 취업을 하면 그만이고, 그 월급을 받아 차곡차곡 저축해서 '큰돈'으로 만들어가면 될 일이다.

창업 후 5년 동안 생존하는 회사는 10곳 중에 3곳밖에 되지 않는다. 그런 점에서 '돈을 많이 벌기 위해서 사업을 한다'는 창업 동기는 이룰 수 있는 가능성이 그다지 높지 않은 것이기도 하다.

두 번째로 '조직 생활이 싫고 자유롭게 일하고 싶어서 사업을 한다'는 청년들이 있다. 이 역시 사업을 하면 자기 시간을 보낼 수 있다는 함정에 빠지기 십상이다. 하지만 사업을 시작하면 월급을 받을 때보다 훨씬 바쁘게 움직여야 살아남을 수 있다. 자는 시간까지 아끼며 사람들을 만나고, 일을 해도 성공할 가능성은 굉장히 낮기 때문이다.

특히 창업 과정에는 '데스밸리Death Valley'라는 것이 있다. 창업 후 3년 이내 초기에 자금이 소진되고, 기존 시장 진입과 확산이 어려워질 때를 가리키는 말이다. 일명 '죽음의 계곡'처럼 빠져나오기 쉽지 않기 때문에 많은 창업자들이 고통과 좌절의 나날을 보낸다.

하지만 이 역시 최근에는 많이 달라졌다. 창업 후 3년이라고 하는 데스밸리의 기준 역시 미국 실리콘밸리의 기준일 뿐 우리나라와는 차이가 있다.

특히 IT 창업이 많은 우리 청년들의 경우 사업을 시작하자마자 데스밸리가 시작되고, 만약 그렇지 않다고 하더라도 최대 6개월이면 거의 대부분 직면하게 된다. 일단 창업 자금 역시 충분하지 않을 뿐만 아니라 정부의 지원금을 받아서 시작했더라도 거의 대부분 6개월 치 정도인 경우가 대부분이기 때문이다. 이 시기가 지나면 상당수의 기업이 도약하지 않으면 망할 수밖에 없는 벼랑에 몰리게 된다. 과연 이것이 자유로움일까? 창업 직후부터 실패를 향해 꾸준히 하향 곡선을 그리고, 그 과정에서 상황을 반전시키기 위해 밤잠을 자지 못하는 것이 과연 자유일 수 있느냐는 점이다.

어떻게 보면 정말 자유로운 것은 아침 9시까지 출근하고 6시에 퇴근하는 일이다. 일을 해야 하는 시간도 정해져 있고, 나올 월급도 이미 정해져 있기에 그 안에서만 맞춰서 생활하면 그것에서 진짜 자유를 찾을 수 있다. 따라서 조직 생활이 싫어서, 그래서 자유로움을 추구하기 위해서 창업을 한다는 것도 사실은 허상에 불과하다.

결과적으로 돈이든 자유든 '외적인 이유' 때문에 창업한다는 것은 거의 대부분 오류를 낳을 가능성이 높고 사업을 지속하기 힘든 환경에 처하게 된다.

자기정체성이 강한 사람이 창업에 성공한다

창업은 자신에 대한 정체성에서부터 시작되어야 한다. 외부 조건만 따지면 창업을 할 이유는 없다. 5년 만에 실패할 가능성이 70%에 이르기 때문에 많은 돈을 벌 가능성도 적고 자유롭지도 못하고 자칫하면 재기가 어려울 수도 있다. 또 사업을 하다 망하면 취업을 하기도 쉽지 않다. 4~5년 정도만 사업을 해도 그만큼 나이 어린 후배들과 취업 경쟁을 해야 하는 상황이기 때문이다.

성공적인 사업가들이 창업을 결심하는 동기는 크게 두 가지 정도로 나뉜다. 하나는 회사에 다니던 중 조직의 의사 결정 과정이 답답해 기회를 놓쳐 '저걸 왜 못해?'라는 생각이 들 때다. 결국 자신의 열정과 노력을 펼쳐 보고 싶어 창업을 하는 경우이다.

두 번째는 애초부터 강한 리더십을 체화하고 있으며 어떤 곳에서든지 우두머리가 되려고 하고 무엇인가 자신의 힘으로 새로운 것을 만들어내는 것을 즐기는 사람이다. 그래서 그들은 회사라는 조직에서 윗사람이 시키는 것을 하기보다 자신이 즐거운 것, 하고 싶은 것을 주도적으로 하는 성향을 지닌다. 단순히 자유로움이 좋아서가 아니라 삶을 주도적으로 만들어가고 싶은 경우이다.

이 두 가지를 종합해보면 강한 자신감과 성취에 대한 즐거움, 그리고 리더십을 가진 사람들이 대개 창업을 결심한다고 할 수 있다. 이것들은 모두 '외적인 동기'와는 아무 관련이 없는 '내적인 동기', 즉 자기정체성과 밀접한 연관을 맺고 있다.

물론 이 두 가지 경우를 벗어나는 경우도 있다. 자신이 자발적으로 원하지는 않았지만 무언가에 떠밀리듯이 창업을 하는 경우이다. 예를 들어, 어쩔 수 없이 다른 회사를 인수한다든지, 경제적으로 최악의 상황에 처해서 더 이상의 취업하지 못하는 사람들이 창업하는 경우도 있다. 하지만 이러한 경우라도 초창기 창업의 과정에서 잠재되어 있던 리더십과 자신감, 성취감이 드러나면서 사업을 성공적으로 이끌어 나가기도 한다.

이렇게 자신의 정체성에 대한 확고한 인식에서 창업을 한 사람은 어떤 외부적인 어려움이 있어도 결코 굴하지 않는 경우가 많다. 데스밸리에 닥쳐도, 사업을 시작하자마자 망할 위기에 처해도, 돈을 구하기 위해 발을 동동 구르며 사람들을 만나도 쉽게 포기하거나 절망하지 않는다.

사실 그것들은 창업자를 근본적으로 괴롭히는 문제가 아니다. 그들은 그러한 위험을 회피하기 위해서 창업을 했던 것이 아니라 자신의 정체성을 만족시키기 위해서, 그리고 더 발전하는 자신을 만들기 위해 창업했기 때문이다. 그러한 어려움들은 그저 지나가는 과정에 불과하기 때문에 그러한 좌절과 어려움이 사업을 그만둘 하등의 이유가 되지 않는다.

물론 '오로지 돈만 벌기 위해' 창업을 한 사람이 정말로 돈을 버는 경우도 매우 많다. 그런데 대부분 그런 사람들은 궁극적으로 매너리즘에 빠질 수밖에 없는 상황에 처한다. 돈을 벌기 위해 사업을 시작했는데 돈을 벌었다면? 그때부터는 목표가 사라지게 된다. 대학에 가기 위해 공부했던 학생들이 대학에 들어간 후부터 정작 공부를 하지 않는 것과 똑같은 현상이 생겨나는 것이다.

그렇다면 그 학생은 공부를 계속할 수 있을까? 스스로를 재정비하지 않는 한 진정한 공부를 다시 시작할 수 없다. 그때부터는 그냥 '취업을 위한 공부'라는 단계로 넘어갈 뿐이다. 매너리즘에 빠진 사업가도 마찬가지이다. 결국 한꺼번에 많은 돈을 벌 수는 있어도 삶에 대한 더 이상의 성취감도, 도전 정신도, 위험을 감당할 용기도 없이 살아갈 뿐이다.

미래에 창업을 하고 싶은 욕구가 있다면 단순히 먹고살기 위해서가 아니라 자신의 내적인 동기를 함께 길러야 한다. 사업이 무엇인지에 대한 근본적인 성찰, 그리고 나의 삶은 무엇인지에 대한 고민이 동반되어야 한다. 지금의 직장 생활로 충분히 자신에 대한 만족을 느끼는지, 아니면 언젠가는 지금의 틀을 깨고 더 큰 세상으로 나아가고 싶은지 자기정체성에 대한 추구가 먼저 이뤄져야 하는 것이다.

창업 리스크를 줄여주는 다양한 제도들

창업을 생각하는 청년들을 가장 두렵게 만드는 것은 바로 실패이다. 젊은 시절이니 실패 자체에는 크게 무게를 두지 않을 수 있지만, 그 이후의 경제적 책임감은 상상하기 힘들 정도이기 때문이다. 이러한 생각은 부모들도 동일하다. 부모의 50%가 자녀의 창업을 반대하고, 92%가 "실패해서 신용 불량자가 될까 두렵다"고 이야기한다. 하지만 이러한 부분에 대한 대안을 주기 위해 다양한 제도들이 생기고 있으며, 향후에는 더욱 확대될 전망이다. 따라서 앞으로라도 창업의 실패에 따른 리스크는 조금씩이라도 줄어들 전망이다.

가장 대표적인 것이 우선 '제3자 연대보증'의 폐지이다. 보증의 범위를 점차 축소해서 실패에 따른 손실을 줄이고자 하는 것이다. 또한 이른바 '창업 학점제'라는 것도 있다. 현재 카이스트를 비롯한 일부 대학에서 실시하는 이 제도는 창업을 위한 휴학을 2년까지, 창업에 대한 도전을 학점으로 인정해주는 것이다. 많은 학생들이 창업을 이유로 공부를 소홀히 하는 것을 방지하기 위한 것이다.

창업 지원금을 후지급하는 것이 아닌 선지급하는 제도도 시행될 예정이다. 과거에는 정부로부터 지원금을 받는다고 해도 본인이 우선 돈을 쓰고 나중에 영수증을 제출해야 정부로부터 이를 인정받고 돈을 받는 구조였다. 하지만 돈이 없는 경우라면 어딘가에서 빌려야 하고, 그에 따른 금융 비용까지 나가야 한다. 이런 부분을 개선하기 위해서 창업 자금을 선지급하는 제도가 시행될 예정이다. 결국 창업을 하겠다는 결심이 섰다면 자신의 역량을 크게 벗어나지 않는 범위에서 과감하게 시도해볼 필요도 있다. 또 이 과정에서 실패에 따른 피해와 손실을 최소화하기 위한 많은 제도들이 확대 시행될 예정에 있으니 이를 적극적으로 활용해보는 것도 방안이 될 수 있다.

'돈이 되는 로직'이 없다면 창업하지 마라

사업할 때에는 무엇보다 '아이템'이 중요하다고 말한다. 그래서 "아이템을 찾고 있다"거나 "아이템을 뭘로 해야 할지 모르겠다"라는 말을 하곤한다. 물론 사업의 아이템도 중요하겠지만 이보다 더 중요한 것은 바로 '돈이 되는 로직 Logic '이다. 신종 아이템이 돈이 될 것처럼 보이지만 그것은 말 그대로 지나치게 트렌드에 의존하는 수가 있다. 트렌드가 지나면 결국 돈도 떠나가게 마련이다. 반면 많은 사람들이 경쟁하는 레드 오션에 진입하더라도 '과연 어떻게 돈이 만들어지는가?'를 깨달으면 더 수월하게 자신의 사업을 탄탄하게 만들어낼 수 있다. 따라서 회사 생활을 할 때에는 늘 이러한 점을 염두에 두어야 한다.

아이템은 섹시한데, 돈은 어떻게 벌지?

각종 창업센터에 심사를 가보면 정말로 그럴듯한 창업 아이템들이 많다. 한마디로 '섹시하고 핫한 아이템'이 정말로 많다는 이야기이다. 하지만 아이템이 그럴듯하다고 창업이 성공으로 이어지는 것은 결코 아니다. 그럴 때 단 한 가지의 질문을 한다.

"그럼, 이게 어떻게 돈이 되죠?"

이러한 질문에 거의 대부분의 창업자들은 꿀 먹은 벙어리가 되기 십상이다. 아이템을 만들어내는 것에만 집중했지 정작 그것이 돈이 되는지에 대해서는 잘 모른다. 일단 창업을 했으면 빠른 시간 안에 돈을 벌어야 한다. 그렇지 않으면 지속적인 성장의 발판을 마련할 수 없기 때문이다. 사업 후 빠른 시간 안에 수익 구조를 갖춰야 한다. 이때 많은 사람들이 빠지는 함정은 '매력적인 아이템이면 사람들이 자발적으로 돈을 낼 것이다'라고 생각한다는 점이다.

하지만 '매력적인 아이템'과 '그것이 정말로 돈이 되느냐?'는 별개의 문제이다. 이것은 여자들이 옷을 구매하는 패턴을 보면 더 쉽게 이해할 수 있다. 흔히 여자들은 쇼핑할 때 어떤 옷을 보면서 "야, 저거 참 예쁘다"라는 말을 한다. 하지만 예쁘다고 그녀들이 다 옷을 구매할까? 아무리 예뻐도 자신을 돋보이게 하지 못하는 옷은 사지 않는다. 이와 마찬가지로 아이템이 매력적인 것과 그것에 돈을 지불할지는 전혀 다른 자원이다.

오히려 남자들이 봤을 때 '별로 안 예쁜데 왜 저게 저렇게 많이 팔렸지?' 라고 의아해하는 제품들이 많다. 사람들이 돈을 낸다는 것에는 일반적인 생각만으로 따라갈 수 없는 별도의 로직이 있기 때문이다.

이를 알기 위해서는 회사 생활을 하면서 스스로 회사가 어떻게 돌아가는지, 무엇으로 돈을 만들고 있으며, 그렇게 하기 위해서는 어떤 것이 필요한지를 눈여겨봐야 한다. 돈의 로직은 사실 말로 설명할 수 있는 것도 아니고 쉽게 이해될 수 있는 것도 아니다. 그렇다고 직관적으로 깨닫는 것도 아니다. 경험이라는 토대가 없으면 결코 쉽게 체득할 수 없는 것이다.

경험해야 보이는 돈이 되는 로직

실제로 국내 코스닥 기업 1,000개 중에서 400여 개가 이미 기업에서 과장이나 차장 정도의 경험을 쌓은 사람들이 창업한 경우이다. 이는 경험이라는 것이 창업 성공률에 얼마나 큰 영향을 미치는지를 단적으로 보여준다고 할 수 있다. 자신이 속한 업종에서 전체적으로 사이클이 돌아가는 것을 한두 번 정도는 경험해야 한다. 원자재부터 제조, 마케팅, 홍보, 수금까지 일괄적으로 경험해보지 않으면 돈의 로직을 체험하기는 쉽지 않다.

돈이 되는 로직과 함께 초창기에 어떻게 자본금을 마련할 것인가에 대한 꾸준한 고민도 필요하다. 본인만 노력한다면 최장 2~3년 정도는 정부의 다양한 지원을 통해서 사업의 시발점을 테스트해볼 최선의 조건들을 충분히 활용할 수 있기 때문이다. 이러한 계기를 통해서 본인의 사업적 역량을 충분히 키워나갈 수 있고, 향후 정부의 지원이 없어도 스스로 사업을 꾸려나갈 단단한 기초를 만들 수 있을 것이다. 또한 이렇게 사업을 시작한다면 사업의 실패에 대한 부담감을 상당수 덜 수 있다는 장점도 있다. 본인의 돈이나 부모님, 친척의 돈을 빌려서 사업을 하고 만약 실패한다면, 이에 대한 부담이 너무나 커진다. 거기다가 한 번 사업을 시작하면 나중에는 대출까지 받아 사업을 하는 경우가 비일비재하다보니 재기가 쉽지 않은 경우도 생긴다. 하지만 이렇게 정부의 지원을 통해서 사업을 하면 아무래도 이러한 심리적 부담감을 덜 수 있다.

나랏돈 100% 활용팁 22

사업 아이템부터 특허 출원까지 도와주는
아이디어발전소

만약 자신에게 좋은 아이디어가 있다면 주변 사람들에게 검증받을 필요가 있다. 물론 그들의 의견들이 '절대적 견해'라고 믿을 필요는 없다. 성공한 많은 사람들이 때로는 주변의 반대를 무릅쓰고 창업했고, 그 결과 성공하기도 했기 때문이다. 따라서 다른 사람들에게 '검증'을 받는다는 것보다는 자신의 아이디어에 대한 최소한의 평가, 그리고 그것을 더욱 발전시켜나가는 계기로 삼는 것이 좋다. 물론 친구, 지인, 부모님 등에게 물어볼 수도 있지만, 가능하면 관련 분야의 전문가가 더욱 좋을 것이다.

창조경제타운의 아이디어발전소(www.creativekorea.or.kr)에 접속하면 전문가가 멘토링을 지원해줄 뿐만 아니라 전망이 있다면 사업화까지 지원해준다. 특히 매우 체계적으로 지원된다는 것이 장점이다. 자신의 아이디어를 설명하는 다양한 자료를 첨부해 보내면, 이를 토대로 제품이나 서비스로 구현하도록 기능을 구체화시켜줄 뿐만 아니라 기술에 대한 상세한 추가 지원까지 가능하다. 하지만 언제나 새로운 아이디어의 걸림돌은 기존에 있는 선행 특허. 따라서 '선행 기술 조사'를 통해 독창성이 검증되면 아이디어를 보호할 수 있도록 특허 출원까지 지원해준다.

무엇보다 중요한 것은 과연 시장에서 '먹히는 아이템'인지에 대한 타당성 분석이다. 따라서 이 부분까지 일괄적인 서비스를 해줄 뿐만 아니라, 심지어 시제품 제작, 마케팅 지원, 창업 지원까지 해준다. "저는 아이디어밖에 없어요" 하는 예비 창업자들에게는 말 그대로 '최상의 조건을 갖춘 지원'이 아닐 수 없다.

아무리 좋은 아이디어가 있어도 현실화되지 않으면 사장될 뿐이다. 물론 창업까지 지원이 되지 않으면 어떤가? 일단은 평가를 한 번 받아본다면 더 실효성 있는 아이디어를 준비하기 충분한 동력이 되어줄 수 있을 것이다.

창업의 주춧돌,
치밀한 시장조사

창업을 하는 사람치고 시장조사를 하지 않는 사람은 없을 것이다. 실제 현장에서, 인터넷을 통해, 그리고 지인들을 통해 철저하게 시장조사를 하고 나름대로의 결론을 얻는 단계는 창업 과정에서 필수적인 일이다. 그런데 많은 창업자들을 만나고 각종 창업 경진대회의 심사위원으로 참여하다보면 의외로 많은 사람들이 시장조사를 허술하게 하거나 아예 잘못된 개념으로 시장조사를 한다는 것을 알 수 있다. 이는 창업 후에도 치명적인 영향을 미치게 된다.

기껏 창업을 하고 사업을 막 진행시키는 과정에서 생각하지도 못했던 복병을 만나 '멘붕 상태'에 빠지는 경우도 수없이 많고, 아예 이런 일로 인해 사업 자체가 흐지부지해지는 경우도 있다. 이는 모두 애초의 시장조사가 잘못되었기 때문이다. 현실을 정확하게 파악하지 못하면 이후의 모든 과정도 결국에는 모래 위에 쌓는 성에 불과하다. 그렇다면 진짜 제대로 된 시장조사를 하기 위해서는 어떻게 해야 할까? 그리고 그 과정에서 결코 빠져서는 안 될 함정에는 어떤 것이 있을까?

판매 단계에서 끝내는 반쪽짜리 시장조사

흔히 시장조사를 하는 경우 '판매 단계의 시장조사'에서 그치는 경우가 대부분이다. 즉 내가 판매하고자 하는 제품에 대한 수요가 있는가, 그리고 기존 제품과의 차별점은 무엇인가, 그리고 그것을 어떻게 만들어낼 것인가라는 부분에 집중되어 있다. 이 모든 것은 '판매'와 관련된 영역이다. 현장에 가서 상권을 조사하거나 유동 인구를 조사하는 것, 그리고 타 제품을 구매해 비교하고 분석하는 것도 모두 판매를 위한 영역에 한정된다. 많은 창업자들이 이 부분에만 신경을 쓰고, 또 여기에서 시장조사를 멈추는 경우가 많다. 하지만 이것만 해서는 '반쪽짜리' 시장조사에 불과하고, 여기에서 멈추었다가는 예상치 못한 상황을 겪게 된다.

실제로 직접 만난 창업자 중에 '기능성 커피'를 판매하려는 사람이 있었다. 주변의 반응도 나쁘지 않았고, 한 곳의 커피숍에 납품하면서부터 한껏 기분이 들떴다. 그런데 사업을 진행하면서 느닷없는 복병을 만났다. 바로 '원가'라는 부분이었다. 기능성 커피라고 하면 기존의 커피에 특별한 기능을 더하는 것인데, 이를 위해서는 반드시 기존의 커피가 있어야 한다. 하지만 이 부분에 대한 시장조사를 하지 않았던 창업자는 결국 '질이 떨어지는 원두'로 만든 커피를 매입해야만 최종 소비자 가격과 단가를 겨우 맞출 수 있었다. 비록 기능을 첨가하면 맛이 달라진다고는 하지만 애초에 저질의 원두를 사용하면 커피 본연의 맛이 떨어지는 것 역시 자명한 일이었다. 하지만 일단 사업을 시작한데다 '질 떨어지는 원두를 사용해도 기능성을 첨가하면 문제가 없다'는 창업자의 완고한 자세 때문에 더 이상의 평가나 사업의 진행을 막기는 힘들었다.

이런 문제가 생긴 것이 바로 '판매 단계의 시장조사'에 그쳤기 때문이다. 이러한 시장조사와 함께 또 하나 아주 중요한 시장조사가 바로 '제작 단계에서의 시장조사'이다. 비즈니스란 결국 '얼마나 싸게 제조해서 얼마나 비싸게 판매하느냐'다. 판매의 축만큼이나 비중 있고 중요한 것이 바로 제조라는 축이다.

그런데 판매의 축만 조사하고 제조의 축을 조사하지 않았으니 사업이 올바르게 진행되기란 쉽지 않은 일이다. 특히 이런 부분이 중요한 것은 독특한 아이템일수록 제조 과정에서의 문제점도 많기 때문이다. 예를 들어, 원료를 특정 업자가 독점 공급하는 상황도 있다. 이럴 경우 가격 자체에 대한 협상이 쉽지 않고, 원재료 공급자에게 휘둘리다보면 결국 단가를 맞추지 못하는 경우가 생기게 된다. 이렇게 제조와 판매 전체가 연결된 시장조사를 '서플라인 체인Supply Chain 시장조사'라고 한다. 서플라인 체인이란 '공급망'을 의미한다. 그러니까 판매의 축뿐만 아니라 제조의 축까지 함께하는 공급망 전체에 대한 주도면밀한 시장조사가 필요하다는 말이다.

이렇게 특정 영역만 조사해서 생기는 오류도 있지만 '심층적인' 조사를 하지 못해서 문제가 발생하는 경우도 있다. 그러니까 특정 사안에 대해서 피상적으로만 생각한 나머지 실제로 그 사업이 가진 핵심을 통찰하지 못하는 경우다. 즉, 구체성이 떨어지는 상태에서 아이템에 접근하다보니 정작 실행 단계에서 예상치 못한 문제가 생기게 된다.

가장 대표적인 것이 바로 IT 분야의 인력 매칭 시스템이다. 구인구직 사이트는 어떤 면에서 인력이 그리 많이 필요하지 않은 업종처럼 보인다. 구직을 원하는 사람이 자신의 이력서와 자기소개서를 등록하고, 구인을 원하는 기업이 이를 검색하고 채용하면 되는 것이기 때문이다. 그러니 창업자는 인력이 별로 필요하지 않고 적절한 솔루션만 갖추고 홍보에만 전념하면 사업이 물 흐르듯 잘 진행될 수 있는 것처럼 생각한다.

하지만 구인구직 사이트에 필요한 인력은 생각보다 많다. 컴퓨터가 매칭을 한다고는 하지만 실제 인력들이 이력서와 자기소개서를 검토해야 하고, 해당 기업에 대한 매칭을 해야 하는 등 인력이 하는 일은 프로그램이 하는 일 이상으로 엄청나다. 따라서 현재의 다양한 구인구직 사이트들 역시 겉으로는 구인구직자가 넘쳐나고 인건비가 별로 들지 않아 큰 수익을 얻는 것처럼 생각되지만 실제 사업에서의 인건비 지출은 상당하다. 심지어 과거 어떤 업체의 경우 월 20억 원의 매출을 올려도 실질적으로는 적자를 면치 못했다. 생각보다 인건비가 차지하는 비중이 너무 컸기 때문이다. 만약 이러한 특정 업종이 가진 사업적 코어를 알지 못한 채 피상적으로만 판단하고 창업한다면 자금난에 허덕이거나 결국 올바르게 사업을 진행하지 못할 가능성이 크다.

시장조사를 100% 믿지 말아야 하는 이유

또한 시장조사 시기에 무엇보다 큰 함정 중의 하나는 '수요 조사'라는 부분이다. 나름대로 차별점을 만들고 이를 상품화한 창업자들은 거의 대부분 수요 조사를 거친다. 그런데 바로 여기에 또 다른 함정이 존재한다. 수요 조사라는 것이 대부분 아는 지인이거나 협소한 영역의 사람들에 머물기 때문이다.

예를 들어, 백반집을 하려는 창업자가 자신의 친구에게 시식을 하도록 하는 경우이다. 물론 '객관적으로 평가해달라'는 당부를 잊지 않겠지만 이러한 수요 조사는 한계가 있을 수밖에 없다. 하지만 이렇게 몇 번의 수요 조사를 하더라도 결과는 비슷하다. 평가는 아주 긍정적일 것이며, 그러다보면 지극히 한정된 평가가 곧 대중적 수요의 대세라고 착각하게 된다.

앞서 이야기했던 기능성 커피도 마찬가지였다. 한 곳의 커피 전문점이 납품을 허락했다고 해서 그것이 곧 '수요가 많다'라고 생각한 것이다. 하지만 그 커피 전문점은 '납품'을 허락했을 뿐이지 그것이 곧 대중적으로 많이 팔려서 수익을 보장한다고 볼 수는 없다. 이는 엄연히 다른 이야기이다.

대기업들이 새로운 매장을 열 때 '안테나 숍Antenna shop, 실제 판매에 앞서 신제품이나 신업태에 대한 시장조사, 수요 조사, 광고 효과 측정 등을 목표로 운영하는 점포'을 여는 것은 바로 이러한 대중적인 수요를 정확하고 객관적으로 파악하기 위해서이다. 대기업 직원들의 인맥과 지인들을 동원하면 그 수요를 측정하지 못할 리는 없다. 하지만 그런 방법을 쓰지 않고 굳이 돈을 들여 안테나 숍을 만드는 것은 그들이 돈을 버려도 되기 때문이 아니라 가장 정확한 수요 조사를 하기 위해서이다.

또 다른 경우는 수요 자체를 '착각'하는 것이다. 대학생들이 창업한 소셜 데이팅 사업이 대표적인 사례다. 기존에 소셜 데이팅이 선풍적인 인기를 끄는 모습을 보면서 5명 정도가 모인 대학생 그룹은 '신개념 소셜 데이팅' 사업을 시작했다. 그들이 생각해낸 것은 '특정한 과별로 단체 미팅을 할 수 있도록 하자'는 것이었다.

예를 들어, A 대학교 물리학과와 B 여대의 미대 학생들이 단체로 미팅을 하는 것이다. 초기 반응은 무척 좋았다. 과 대표들끼리 인맥으로 연결되어 있으니 "우리 한 번 단체로 미팅해볼래?"라고 제안했고, 상대편도 "그거 재미있겠다"며 흔쾌하게 응했다. 이에 사업적 확신을 한 대학생들은 솔루션 개발에 올인했고, 심지어 장학금을 털어 투자하기도 했다.

하지만 현실에서는 어떤 일이 벌어졌을까? 처음에는 '과 대 과로 하는 미팅이 재미있겠다'고 생각하지만 점점 시간이 흐르면 학생들은 '내가 왜 꼭 이 대학교 이 과의 여학생남학생하고만 미팅을 해야 하지?'라는 생각이 강해진다. 남녀의 미팅에 대한 수요는 반드시 '과 대 과'로만 이루어지는 것은 아니기 때문이다. 졸업생과 재학생 간에도 이뤄질 수 있고, 연상연하 커플도 있을 수 있고, 자신과 전혀 취향이 다른 사람에게 이끌리는 경우도 숱하다. 그런데 오로지 '과 대 과'로만 미팅을 하는 구조를 짰으니 그 사업이 제대로 될 리 없었다.

이는 결과적으로 수요를 착각하는 과정에서 생겨난다. 창업자들은 흔히 '이런 수요가 반드시 있을 거야'라고 생각하지만 현실의 소비자들은 '무한한 다양성을 가졌다'고 말할 수 있을 정도이다. 하지만 이러한 다양한 수요의 가능성을 자신들의 생각의 틀에만 맞추려고 했던 것이 바로 착각이었다. 더 놀라운 사실은 그들이 생각했던 솔루션이라는 게 결국은 기존의 소셜 데이팅 사업자들이 간단히 카테고리만 추가해서 만들면 그만인 일이었다. 그런데 이에 대한 심층적인 조사도 하지 않고 6개월이

넘는 시간 동안 솔루션을 개발한다고 시간을 낭비했으니 사업은 결국 흐지부지되고 말았다.

시장조사는 모든 창업의 가장 기본적인 단계이며 주춧돌이다. 주춧돌이 단단하게 자리를 잡지 않으면 그 위에 쌓는 모든 구조물도 결국 흔들릴 수밖에 없다. 그런 점에서 시장조사를 할 때에는 서플라인 체인 전체에 대해서, 그리고 해당 사업을 움직이는 핵심을 볼 수 있을 때까지 심층적으로 해야 하며, 지인들을 통한 수요 조사는 가능한 한 배제하고, 그저 단순 참고용으로만 들을 필요가 있다.

마지막으로 투자에 대해서도 생각해볼 필요가 있다. 사업이 어느 정도의 단계에 진입하면 원래 자신이 가진 자본 혹은 정부지원금도 결국 떨어지게 마련이다. 이럴 때에는 사업의 확장을 위해 투자를 받아야 할 수도 있다. 그래서 많은 창업자들이 투자를 위한 프리젠테이션을 앞두고 전력투구하는 모습을 볼 수 있다. 그런데 정작 투자자들은 창업자의 아이템만 보거나 프레젠테이션을 통해서 투자를 판단하지 않는다. 실제 투자자들은 "아이템보다는 사람을 보고 투자하는 것이 훨씬 성공 가능성이 높다"고 말한다. 반면 창업자들은 '어떻게 하면 매력적인 아이템으로 보일 수 있을까?'를 고민한다는 점에서 인식의 차이가 꽤 크다고 할 수 있다.

그뿐만 아니라 창업자들이 잘 모르는 부분이 있다. 그것은 투자자들이 투자를 하기 전에 해당 창업자에 대한 '평판 조사'를 한다는 점이다. 창업자가 업계에서 어느 정도의 신뢰성을 갖춰왔는지, 그의 치명적인 불안 요소와 위험성은 없는지를 종합적으로 판단하는 것이다. 따라서 아무리 아이템이 훌륭하다고 해도 이 평판 조사에서 신뢰성이 떨어지면 투자의 가능성은 현저하게 낮아질 수밖에 없다. 이러한 평판 조사에는 창업자의 인격은 물론이고, 그의 전문성이라는 부분도 매우 중요한 역할을 한다. 결국 해당 비즈니스에 대해서 얼마나 잘 알고 있느냐가 사업의 성패를 좌우하는 결정적 사안이라는 점에서 투자자들에게 이 부분은 상당히 중요하다.

이렇듯 창업자들이 표면적인 아이템과 그것을 어떻게 잘 포장할 것인가에만 몰두할 때 정작 투자자들은 아이템을 넘어서 창업자의 평판과 전문성에 더욱 관심을 가지고 있음을 알아야 한다.

창업하기 전 갖춰야 할 5가지 기본기

창업은 지금까지 겪었던 여러 가지 삶의 환경 중에서 가장 냉정할 것이며, 이제까지 해왔던 노력에 비해 수십 배가 넘는 열정을 요구할 것이다. 이번에 시험 성적이 좋지 않으면 '다음에 잘해야지'라고 결심하는 것만으로도 위로가 되지만, 사업에서 '다음에 잘해야지'는 곧 현재 시점의 실패를 의미하기 때문이다. 그것도 자존심만 상하고 마는 실패가 아니라 돈이 깨지는 실패이기 때문에 무엇보다 큰 부담감이 있을 수밖에 없다.

하지만 이런 상황에도 창업에 대한 준비를 제대로 하지 않는 사람들이 적지 않다. 이번에는 창업 예비 단계에서 반드시 해야만 하는 것들에 대해 면밀하게 살펴보고자 한다.

사업계획서는 최대한 보수적으로 짜라

창업자들이 사업계획서를 작성할 때에는 대개 창업 경진 대회나 보육센터에 입주할 때, 정부의 지원금이나 투자자들에게 사업을 설명할 때이다. 사업을 하겠다는 결심을 하는 순간 처음부터 사업계획서를 짜는 경우는 그만큼 드물다는 이야기다. 하지만 남들에게 보여주기 위한 사업계획서는 그만큼 '외부의 시선'을 의식하게 마련이다. 좀 더 매력적으로 보이기 위해, 비전과 성장 가능성이 있어 보이게 하기 위해 어느 정도는 포장을 한다.

하지만 사업계획서의 진짜 장점은 창업자 스스로가 향후 사업의 로드맵을 진정성 있게 그려볼 수 있다는 것이다. 머릿속에만 있었던 계획을 구체적인 스케줄로 나타내는 것이고, 막연하게 '얼마의 돈이 들어가지 않을까?' 하던 것을 수치화시켜 정확하게 따져보는 것이다. 최소 5년간의 사업 로드맵이 그려지지 않으면 자기 스스로도 사업을 확신하기 힘들 뿐만 아니라 이러한 자기 확신이 없으면 타인을 설득하는 것도 쉽지 않다.

그뿐만 아니라 사업의 전반에 대해서 총체적인 계획서를 짜야 한다. 예를 들어, 자신이 엔지니어라고 해서 마케팅 분야를 빼지 말고, 스스로 마케터라는 생각으로 최대한 해보려는 노력이 필요하다.

또한 사업계획서는 최대한 '보수적'으로 짜야 한다. '확실한 것'을 최우선으로 두되 확실하지 않은 것을 마치 될 것처럼 가정하고 지나치게 공격적으로 짜서는 안 된다. 사업이란 순식간에 경쟁사를 제칠 수 있는 것도 아니고, 갑자기 구매자가 기하급수적으로 늘어나는 것도 아니다. 모든 것은 천천히, 차분하게 이뤄진다. 이런 점을 염두에 두고 보수적으로 사업 계획을 짜다보면 자기 확신이 좀 더 강해질 수 있고, 그때 비로소 타인도 설득할 수 있는 것이다.

자금 조달 계획과 행정 절차에 대한 마스터 플랜을 세워라

창업을 하기 전에 꼭 생각해야 할 것 중의 하나가 바로 시기별 자금 조달 계획이다. 당장 얼마간의 현금에 대한 계획만이 아니라 설비, 투자 계획, 향후 어떻게 자금을 조달할 것인지에 대한 본인 스스로의 명확한 마스터 플랜이 있어야 한다.

사업을 하는 데 '무모하냐, 그렇지 않느냐'를 결정짓는 부분이 바로 여기에 있다. 자금은 열정과 용기만으로 해결될 수 있는 것이 절대 아니다. 그런 점에서 특정 단계에서 그에 걸맞은 자금 조달 계획이 없다면, 그 사업은 애초부터 무모한 것이라고 단정 지어도 된다.

또한 창업자들이 의외로 확인을 잘 하지 않는 것이 정부의 각종 규제 및 육성 정책이다. 예를 들어, '국산화 개발 지정 업종'과 같은 것이 있다. 이런 업종에서 아이템을 발견해 사업하면 정부의 지원금도 적지 않고 사업에 날개를 달 수 있다. 반대로 정부가 규제하는 업종에 들어갔을 때에는 의외의 복병을 만날 수 있다. 이렇게 되면 사업을 해보기도 전에 큰 장벽에 부딪칠 수도 있다.

사업의 타당성은 개업하기 전날까지 따져라

사업의 타당성은 해당 아이템과 자신의 기술력, 그리고 시장성을 통틀어 가장 객관적으로 확인해야 하는 것이다. 특히 엔지니어 출신들의 경우에는 기술에 매몰되어 '나의 기술은 반드시 먹힐 것이다'라는 확신을 가지는 경우가 많다. 하지만 매출은 '기술력'에 의해서 결정되는 것이 아니라 '구매력'에 의해서 결정되는 것이다. 아무리 기술력이 좋아도 구매가 되지 않는다면 사업 타당성은 제로라고 해도 과언이 아니다.

그런 면에서 이러한 사업 타당성을 확인해줄 가장 좋은 방법은 바로 동종 업계에서 근무한 경험이 풍부한 사람들의 말을 듣는 것이다. 인터넷에서 찾을 수 있는 자료도 한계가 있고, 신문 기사에 나오는 내용도 전부 다 믿을 것은 못 된다.

실제로 자신이 원하는 분야에서 일하는 사람들의 이야기가 가장 정확하고 믿을 수 있다. 자신이 할 수 있는 모든 역량과 인맥을 동원해 해당 분야의 사람을 만나는 것이 '최고'의 방법이 될 수 있는 것이다.

회계는 반드시 알아야 한다

일반 창업자들도 그렇고, 기존 창업자들도 가장 약한 부분이 바로 회계다. 물론 회사가 점점 커지면 창업자 본인이 이를 담당하지 않아도 된다. 하지만 회계를 모른다는 것은 회사 내에서 돈이 어떻게 돌아가는지 모른다는 것이나 마찬가지이다. 자신의 지갑에 얼마의 돈이 있고, 얼마가 나가야 하는지 알지 못한 채 사업을 한다는 것은 문제가 심각하다. 최소한 기초적인 용어와 전체적인 그림을 이해할 정도는 되어야 경영자로서의 자질이 갖추어졌다고 할 수 있다.

초심을 지켜라

사업은 '규모의 경제'라는 일면을 가지고 있다. 규모가 커질수록 절약되는 부분이 많고, 그만큼 수익이 늘어나는 면이 있다. 그런 점에서 애초 사업 계획을 짤 때보다 큰 규모로 사업 플랜을 세우고 싶은 유혹을 강하게 느낀다. 하지만 처음부터 황새를 부러워하며 큰 규모로 계획을 짰다가는 나중에 급격한 침몰을 경험할 가능성이 높다.

특히 일단 사업에 진입한 후에 경쟁사의 모습을 보면서 초심을 잃고 규모를 급격하게 늘리는 경우가 있다. 경쟁사가 치고 나가기 시작하면 불안한 마음이 들고, 여기에 뒤지지 않기 위해 자신도 모르게 돈을 끌어당기면서 규모를 키운다. 하지만 모든 것에는 순서가 있고, 수요가 확산

되는 데에는 시간이 필요하다. 실제로 당신의 경쟁사가 치고 나갈 수 있는 것은 충분히 그럴 만한 역량이 있어서라고 생각해야 한다. 따라서 아직 역량이 온전히 쌓이지 않은 상태에서 섣불리 치고 나가거나 경쟁사를 따라잡아야 한다는 강박관념으로 움직여서는 안 된다.

만약 경쟁사가 치고 나갈 역량이 충분하지 않은 상태에서 그렇게 한다면 이는 오히려 당신에게 기회가 될 수 있다. 머지않아 경쟁사에는 위기가 닥칠 것이고, 그것이 반전되면서 당신의 회사가 새로운 기회를 잡을 수 있기 때문이다. 따라서 경쟁사의 행보에 일희일비하며 초심을 잃는 것보다 현재 자신의 위치와 역량 강화에 집중하는 것이 훨씬 현명한 방법이다.

마지막으로 창업의 현장에 있다보면 가장 많이 듣는 질문 중 하나가 바로 '개인 사업자가 좋을까? 법인 사업자가 좋을까?'다. 여기에 일률적인 기준은 없다. 업종에 따라 완전히 다르다고 해도 과언이 아니다. 하지만 대략의 기준은 있는데, 바로 '1년 매출액이 2억 원'이라는 것이다. 만약 2억 원 이하일 경우에는 개인 사업자가 유리하고, 2억 이상의 성장 가능성이 있다면 법인 사업자가 유리하다.

개인 사업자냐 법인 사업자냐는 결국 세금의 문제이기 때문이다. 자신의 예상 매출 혹은 성장 가능성과 세금을 따져서 결정하는 것이 문제의 본질이다. 법인세의 경우 최대 20%이며, 개인 종합소득세는 최대 38%

다. 따라서 '매출 2억 원'을 기준으로 그 이하면 개인 사업자, 그 이상이면 법인 사업자가 유리하다. 또한 향후 해산과 청산의 과정도 염두에 두어야 한다. 개인 사업자의 경우에 본인만 폐업 신고를 하면 그만이기 때문에 해산과 청산의 절차가 간단하다. 이에 반해 법인 사업자의 경우에는 개인 사업자보다는 다소 어렵기 때문에 이런 부분도 염두에 두어야 한다.

물론 이외에도 창업을 하는 데에는 많은 준비 단계가 있고 반드시 갖추어야 할 지식도 있다. 하지만 최소한 위의 것들은 제대로 갖추고 시작해야 한다. 나머지는 계속 공부하며 진행할 수도 있고, 실전에서 배울 수도 있다. 하지만 기본적인 지식이 없으면 실수할 가능성이 높아지고, 그 실수는 곧 원하지 않는 결과를 가져올 때가 많다.

또 다른 가능성,
해외 창업

해외 취업의 경우 그나마 젊은이들이 관심을 가지는 반면 해외 창업은
아예 엄두를 내지 못하는 경우가 대부분이다. 특히 해외 취업의 경우에
는 일을 하면서 영어를 배울 수 있다는 것을 장점으로 생각하지만 해외
창업의 경우에는 거의 완결된 언어를 구사해야만 사업할 수 있다고 생각
한다. 그러니 더욱 장벽이 높게 느껴지고, '우리나라에서도 어려운 창
업을 외국에서 어떻게 성공시키겠느냐'는 생각에 막연한 두려움을 갖곤
한다.

물론 해외 창업이 국내 창업보다 더 어려운 것은 부인할 수 없는 사실
이다. 그런데 해외 창업의 경우 초기 진입에서는 다소 어려운 점들이 있
겠지만, 일단 한 번 진입에 성공하면 국내 창업보다 훨씬 다양한 프리미

엄을 갖는 것도 사실이다.

선진국과 후진국 창업은 접근법이 다르다

해외 창업은 그 진출국에 따라 크게 두 부류로 나눌 수 있다. 하나는 우리보다 창업의 노하우가 많은 미국 실리콘밸리를 비롯한 선진국들이다. 두 번째는 우리보다 경제력이 낮은 태국, 캄보디아, 베트남, 아프리카 등이다. 이는 경우에 따라 확연히 다른 장점을 가지고 있으며, 따라서 자신이 원하는 아이템과 그 아이템의 성향에 따라서 선택해야 할 문제다.

우선 선진국에서의 창업은 '완전히 다른 판'에서 사업을 시작하는 장점이 있다. 예를 들어, 우리나라의 '네이버'를 보자. 국내에서는 포털 1위 기업이며 이제는 '라인'이라는 메신저를 통해서 글로벌한 서비스를 제공하고 있다. 그런데 안타까운 것은 만약 네이버가 처음부터 해외에서 글로벌 기업으로 시작했다면 어땠을까 하는 점이다. 사실 지금은 구글이 세계 최고의 IT 기업이라고 하지만 실제로 사업을 시작한 것은 네이버보다 훨씬 뒤다.

페이스북 역시 마찬가지다. 하지만 그들이 뒤늦은 출발을 했음에도 지금과 같은 세계적인 경쟁력과 인지도를 가진 것은 미국에서 출발한 '글로벌 기업'이었기 때문이다. 물론 이것이 총체적인 성공 비결이 될 수 없겠지만 그러한 프리미엄이 있었다고 봐도 무방하다.

결국 네이버는 초창기 토종 기업으로 큰 성공을 거두기는 했지만, 글로벌 기업이라는 더 큰 판에서 시작했더라면 지금은 완전히 다른 위상을 가졌을 가능성도 크다.

이처럼 해외 창업은 애초에 '사업의 판' 자체가 달라진다. 시장에서 평가받는 기준도 다르고, 투자 규모도 다를 것이며, 회사를 바라보는 세계인의 시선 자체도 다르다.

물론 이렇게 미국 등의 선진국에서 해외 창업을 하는 것이 쉬운 일만은 아니다. 아직까지 제대로 된 성공 사례가 나오지 않은 것도 사실이다. 하지만 열정과 패기를 가진 창업자라면 충분히 도전해볼 만한 일이기도 하다. 또한 현재 실리콘밸리에 있는 상생협력센터가 향후 K-Move 센터 www.worldjob.or.kr로 바뀌면서 창업 단계의 사람들에게 각종 정보를 지원하는 것은 물론이고, 창업이 안착 단계에 이르도록 도움을 줄 예정이다. 따라서 앞으로는 실리콘밸리에서 창업을 하는 우리 기업들도 많이 나올 것으로 전망된다.

두 번째는 우리보다 경제력이 떨어지는 국가에서 창업하는 경우이다. 이런 사례는 실제로 적지 않게 있으며, 두 가지 차원에서 큰 장점이 있다. 우선 이미 우리나라가 과거 못살던 시절을 겪었기 때문에 경제력이 낮은 국가들의 발전 방향을 미리 알 수 있다는 점이다. 예를 들어 1인당 국민소득 5,000불일 때, 1만 불일 때, 2만 불일 때 어떤 사업이 유망하고 어떻게 발전해 나간다는 사실을 알고 있어서 상대국의 문화를 감안해 수요 조사를 한다면 그 성공의 가능성은 훨씬 높아진다.

실제로 한 청년은 캄보디아에서 요구르트 아이스크림 가게를 창업했다. 그런데 중요한 것은 단지 아이스크림이라는 아이템이 아니라 이 사업을 위해서는 냉동 창고가 필수적으로 동반되어야 한다는 사실이다. 따라서 냉동 창고의 남는 공간을 활용해 별도의 보관업을 할 수 있다. 우리나라도 과거에 냉동 보관업을 한 사람들이 큰돈을 벌었다.

소득이 증가할수록, 음식 문화가 점점 더 발달할수록 냉동 보관은 필수적이기 때문이다. 그래서 지금도 고속도로를 달리다보면 한적한 공간에 자리한 커다란 냉동 창고들을 흔히 볼 수 있다. 겉으로 봐서는 잘 모르겠지만 그것을 운영하는 사람들 중에 부자가 적지 않을 것이다.

또한 부동산 가격이 오르면서 부가적인 수익을 얻는 경우도 많았다. 바로 이런 부분이 경제적으로 앞선 우리나라에서 비교적 후진국인 나라로 가져갈 수 있는 사업 아이템이라고 할 수 있다. 경제의 발전 경로에서 이미 우리나라에 검증이 된 것, 그리고 그것이 어떻게 흘러갈 것인지를 아는 것이 바로 사업의 비전을 확연히 높여주는 것이다.

그뿐만 아니라 우리나라의 앞선 기술력이 큰 장점이 될 수 있다. 실제로 케냐에서 창업을 한 여학생은 28세의 젊은 나이에 아프리카 초원에서 다큐멘터리를 찍어 현지 방송국이나 외국 방송국에 납품하는 사업을 하고 있다. 사회가 발전할수록 자연에 대한 동경으로 자연 다큐멘터리에 대한 수요가 많아지지만 케냐 현지의 다큐 제작 기술은 떨어지고 우리의 기술력은 월등하기 때문에 사업적 수요가 있는 것이다.

'해외 창업'이라고 하면 겁부터 먹는 경우가 많다. 하지만 경우에 따라서는 오히려 우리나라보다 성공 가능성이 높은 것이 해외 창업이다. 경쟁이 치열한 우리나라에서의 성공이 전부는 아니다. 오히려 색다른 시각에서 더 많은 기회를 가지고 창업을 해보는 것은 어떨까.

해외 창업을 위한 다양한 지원 제도

해외 창업에 대한 지원도 현재 다양하게 준비 중이다. 우선 미래부에서는 IT 업종을 대상으로 다양한 경진 대회 및 공모전을 통해 매년 30개 이상의 유망 아이디어를 선정할 계획이다.

이를 통해 국내에서 1차로 교육을 한 뒤 실리콘밸리의 창업지원센터에 입주할 수 있도록 하고 해외 창업을 지원한다. 특히 IT 분야에 관한 한 국내의 인재들도 기술력이 뒤지지 않기 때문에 이러한 해외 창업 지원 제도에 도전해보는 것은 큰 도움이 될 수 있다.

중소기업청에서 운영하는 창업진흥원에서도 현재 글로벌 청년 창업 활성화의 일환으로 창업 연수 및 현지 창업 보육 프로그램을 제공하고 있다. 중국 상하이와 베트남 하노이에서 창업할 청년들을 지원하고 있다.

소상공인진흥원(www.seda.or.kr)도 해외 소자본 창업 지원 교육을 실시하고 있다. 특히 중국, 라오스, 베트남, 필리핀, 미얀마 등 다양한 신흥 개발도상국에서의 창업을 지원해주기 때문에 선택의 폭이 비교적 넓다고 할 수 있다.

그뿐만 아니라 현지 국가 교육, 해외 창업 성공·실패 사례 교육, 사업계획서 작성은 물론 다양한 체험 교육과 외국어 학습까지 지원하고 있다.

이러한 해외 창업에 관련된 지원 제도는 앞으로 시간이 흐를수록 더욱 많아질 것으로 보인다. 어차피 세계는 이미 글로벌화되었고, 그렇다면 창업 역시 글로벌 시장에서 더욱 많은 기회가 있을 수밖에 없기 때문이다.

디지털 시대의 성공 노하우,
수시로 물이 나오는 우물 찾기

앞서 '꿈과 가능성의 로스컷'에 대한 이야기를 한 적이 있다. 이는 창업에서도 동일하게 적용된다. 창업자는 누구나 자신의 아이템에 대한 확신을 가지고 있다. 최소한 수천에서 수억 원의 돈이 들어가는 사업을 하면서 자신의 아이템에 대한 확신도 없이 시작하는 사람이 과연 몇 명이나 되겠는가?

하지만 이 확신과 신념에 매몰되기 시작하면 이는 더 큰 손해를 불러오는 악순환이 될 수 있다. 흔히 '한 우물 파기'라는 말이 있다. 특정 아이템이나 아이디어를 꾸준하게 실행해 나아가면 언젠가는 물을 만날 수 있다는 말이다.

하지만 사업의 세계에서 그것은 한 우물을 파는 것이 아니라 자신의 무덤을 파는 일이 될 수도 있다. 사업에 있어서는 한 우물을 팔 것이 아니라 끊임없이 변화하는 트렌드에 초점을 맞추고, 자신의 장점을 발견해 나가는 과정에서 이 우물이 아니다 싶으면 재빨리 다른 우물로 옮겨 가야 한다.

세계적인 기업은 변신의 귀재

지금 우리가 알고 있는 세계적인 기업들은 변신의 귀재였다. 장인 정신으로 한 우물을 파기보다는 계속해서 자신을 변화시키면서 스스로를 성장시켜왔다. 여성들이라면 누구나 알고 있는 명품 브랜드인 '티파니 Tiffany'가 처음으로 했던 업종이 무엇인 줄 아는가? 바로 동네의 조그만 문구점이었다.

그뿐만 아니라 지금은 스마트폰과 가전제품으로 글로벌 기업이 된 삼성의 모태는 청과류와 건어물을 일본으로 수출했던 '삼성상회'였으며, 조금 더 거슬러 올라가면 처음에는 국수를 팔면서 사업을 시작했다. 지금도 거리에서 볼 수 있는 그 숱한 국수집이 '삼성그룹'의 처음 모습이었다.

100년 기업이라고 불리는 두산그룹의 경우에는 '동동구리무'라는 화장품을 팔면서 사업을 시작했고, 그 후 큰 수익을 가져다주었던 코카콜라와 OB맥주를 만들던 회사였다. 당시 OB 베어스라는 야구단을 가지고 있었음에도 두산은 과감하게 이를 포기하고 미래적 관점에서 한국중공업이라는 중장비 회사를 인수해 두산인프라코어를 만들었다. 그리고 지금은 원전 분야에서 매년 10조 원 이상의 높은 매출을 올리는 회사로 변신했다.

이러한 변신과 성장의 배경에는 로스컷이 있다. 물론 당시에 그들이 직접적인 손해를 막기 위해 로스컷을 한 것은 아닐 수도 있다. 하지만 장기적인 관점으로 본다면 모든 변화와 변신은 로스컷에서 비롯됐다고 해도 과언이 아니다.

만약 삼성상회가 계속해서 청과물과 건어물을 팔고 있었다면 오늘의 삼성그룹은 있을 수 없었을 것이고, 두산이 콜라와 맥주만 팔고 있었다면 역시 지금의 두산은 없었을 것이다. 이들에게 '한 우물 파기'라는 것은 변화를 가로막는 낡은 개념에 불과했다.

이렇게 대기업들의 초창기 모습도 끊임없이 아이템을 바꿔가며 변신을 꾀하는 상황인데, 창업자들이 '한 우물' 같은 것을 고집할 필요는 전혀 없다.

망할 건 빨리 망해야 한다

카이스트가 주최하는 창업 간담회에 참석했을 때 한 창업자가 현재 실패의 위기에 있는 자신의 상황을 토로하며 어떻게 했으면 좋겠냐는 질문을 한 적이 있었다. 나는 그에게 다시 질문을 했다.

"지금의 상황이 자금이 부족해서라고 생각하십니까? 아니면 아이템 자체의 문제라고 생각하십니까?"

그러자 창업자는 주저주저하면서 아무래도 자신의 아이템에 문제가 좀 더 많은 것 같다고 이야기했다. 그때 나는 단호하고 조금은 야멸차게 이런 대답을 해주었다.

"죄송하지만, 확실하게 자신의 아이템에 문제가 있다고 생각하면 과감하게 접으셔야 합니다. 망할 것은 빨리 망해야 합니다."

어쩌면 이런 말이 창업자에게는 서운하게 들렸을 수도 있을 것이다. 하지만 창업의 현실을 직시한다면 정말로 망할 것은 빨리 망해야 한다. 망할 것들이 망하지 않으면 더 큰 2차, 3차의 피해를 준다. 본인 스스로도 괴로운 것은 물론이고, 앞으로 그에게 돈을 빌려줄 친척이나 지인들의 피해도 생겨난다.

애초부터 방향을 잘못 잡은 아이템도 있고, 또 아무리 노력해도 안 되는 사업이 있다. 이건 열정의 문제가 아니라 비즈니스 구조의 문제이고 대중적인 수요의 문제이다. 이런 문제들은 개인의 열정으로 뒤바꿀 수 있는 것이 아니다. 따라서 이런 경우에는 한 우물을 판다는 생각을 버리고 재빨리 로스컷을 한 뒤 또 다른 우물을 파야 한다.

자영업 분야에서 로스컷의 가장 대표적인 사례라면 '열정감자'라는 이름으로 유명한 김윤규 대표를 꼽을 수 있다. 지금은 성공한 창업가로 이름이 많이 알려져 있지만 그렇게 되기까지 그가 겪은 고생도 보통이 아니었다.

가장 대표적인 것이 카페 창업을 했을 때다. 그런데 그 위치가 좀 독특했다. 바로 유동 인구가 거의 없었던 언덕 위의 이슬람 사원 바로 앞이었던 것이다. 개업 후 일주일 동안 카페는 문전성시를 이뤘다. 물론 개업을 축하해주러 온 친구들과 지인들이 대부분이었다. 하지만 카페의 문을 나설 때 그들은 한결같이 힘없는 표정으로 "열심히 해"라는 말을 남길 뿐이었다. 그들은 이미 그 사업의 전망이 밝지 않을 것이라는 사실을 알고 있었기 때문이다.

실제로 친구들과 지인들을 빼면 일주일 동안 받은 진짜 손님은 딱 6명이었으며, 하루 1명에 불과했다고 한다. 그때 김 대표는 과감하게 로스컷을 했다. 인테리어 비용에 임대료며 권리금을 모두 따져보면 창업에 들어간 비용은 5,000만 원이었다.

하지만 그 상태를 지속했다가는 더 큰 손해를 입을 수밖에 없는 상황이었다. 그렇게 김 대표와 함께 창업을 한 친구들은 일주일 만에 카페를 접었다. 하지만 그것으로 끝이었다면 그들은 실패자에 불과했을 것이다. 이때의 실패를 밑바탕으로 심기일전 끝에 다시 탄생시킨 것이 바로 '열정감자'였다.

과연 5,000만 원을 들여서 연 카페를 일주일 만에 로스컷한다는 것이

쉬운 일이었을까? 물론 이렇게 이야기할 수도 있다. "일주일 가지고 어떻게 카페의 흥망성쇠를 알 수 있겠는가?"라고 말이다. 물론 갑작스럽게 손님이 밀려들 '미래의 가능성'을 믿을 수도 있지만, 그렇게만 보기에 상황은 너무 암울했다.

이럴 때 김 대표가 했던 로스컷이라는 선택은 더 이상의 손해를 막을 수 있었을 뿐만 아니라 열정감자를 탄생시킨 최고의 선택이라고 해도 과언이 아닐 것이다.

'한 우물을 파지 말라'는 말은 낡은 사고방식에 얽매이지 말고 더 나은 잠재적 가능성을 향해 나아가고 더 큰 손해를 막으면서 전진해 나아가라는 말이다.

디지털 시대에는 한 우물에 대한 개념이 더욱 약화될 수밖에 없다. 과거 아날로그 시대에는 그나마 유용하게 사용될 수 있는 개념이 바로 '한 우물'이었다. 사회의 변화가 비교적 적었고, 트렌드도 지금처럼 빠르게 변화하지 않았기 때문이다. 그저 꾸준하게 사업을 하다보면 언젠가 한번은 성공할 수도 있었다.

하지만 그때보다 훨씬 변화가 빨라진 지금과 같은 디지털 시대에는 한 우물이 의미가 없다. 물줄기는 이미 다른 곳으로 옮겨 간 지 오래고 한번 저 멀리 비켜 간 수요는 다시 되돌아오지 않는다. 자신이 선택한 업종에서 사업을 하되 그것이 아니라고 생각될 때에는 재빨리 다른 아이템으

로 옮겨 갈 수 있는 것, 그것이 바로 디지털 시대의 창업자들이 가져야

할 또 하나의 덕목이다.

전통시장의
최대 경쟁 상대는?

신발 브랜드의 경쟁자는 온라인 게임이다

전통시장 최대의 경쟁 상대는 어디일까? 대기업들이 각축전을 펼치는 대형마트일까, 아니면 동네로 들어와 있는 소위 기업형 슈퍼마켓(SSM, Super Super Market)일까? 정부는 2010년 말부터 대규모점포(대형마트)와 준대규모점포(SSM) 등록을 제한했고 이후 월 2회 의무휴업 등의 규제를 강화해왔다. 이미 대형마트는 정체 중에 있고, SSM도 신규출점이 쉽지 않고 영업규제가 강화된 데다 점포별 가격경쟁으로 인한 유통채널 내 경쟁심화로 실적은 점점 하락하고 있다. 그렇다면 최대 경쟁 상대는 어디일까?

 몇 년 전 초대형 신발 비교매장 대표인 대학선배가 "ooo마트 최대의 경쟁자는 나이키가 아니라 온라인 게임이다'라고 하여 큰 영감을 얻은 적이 있었다. 신발 브랜드 내 미시적 경쟁시장이 아니라 청소년들이 온라인 게임을 많이 할수록 외부활동이 적어져서 신발 소비가 둔화된다는 시장 전체의 흐름을 읽는 분석적 접근이었던 것이다. 즉, 전통시장의 경쟁상대를 제대로 분석하고 거시적인 대책을 마련하기 위해서는 소비자의 라이프 스타일 변화에 주목해야만 한다는 것이다.

가구형태가 바뀌면 소비문화도 달라진다

통계청에 따르면 지난해 기준 한국에서 가장 흔한 가구형태는 1인 가구로 전체 비중의 27.2%를 차지한다. 2인가구 비율은 26.1%로 1인가구와 2인가구가 전체 가구에서 차지하는 비율(50%) 역시 처음으로 절반을 넘었다. 청년층은 저성장에 따른 취업난 등으로 '삼포(연애·결혼·출산 포기)'가 늘어나고 있고, 중년층에서는 결혼을 미루고 혼자 사는 이른바 '골드 미스터·골드 미스' 등이 많아졌으며, 고령층에서는 평균수명이 늘어나며 이혼·사별 등의 이유로 홀로 사는 노인이 급증하다 보니 1인가구가 급속히 증가하고 있다. 가구수의 변화는 소비문화 변화로 이어졌다.

 이미 일본의 선례에서 보듯이 1인가구의 증가와 초고령 사회화는 대형마트나 SSM보다는 가까운 편의점 이용율을 급속히 증가시켜왔다. 특히 판매에 SNS를 활용하고 빅데이터 분석을 통해 제품 개발 및 주문량 조절까지 활용하며 무한 진화하고 있는 3만 3,000개의 편의점은 전통시장의 강력한 경쟁 상대로 부상했음에 틀림없다.

이렇듯 우리 생활 가까이에 무수하게 진출한 편의점과의 무한경쟁 하에서 새로운 활로를 찾기 위해서는 전통시장도 현대인의 라이프 스타일에 맞는 새로운 개념을 도입하거나 각종 체험이 가능한 관광 코스로 진화하는 등의 인식전환에도 힘써야 한다.

이노션 월드와이드가 발표한 〈전통문화 트렌드 분석 보고서〉에 따르면 전통 시장 연관어로 '재래(2만 2,140건)', '사다(8,956건)' 등이 가장 많이 등장했으나, 체험(6,498건), 젊다(5,763건), 관광(5,213건), 활력(5,206건), 공연(5,010건) 등과 같은 단어들이 높은 비중을 차지하여 전통시장이 단순히 물건을 저렴하게 사기 위해서만 가는 곳이 아니라 젊고 활기차며 흥미로운 체험을 할 수 있는 장소로 인식되기 시작했다는 것을 알 수 있다. 특히 전통시장의 먹거리와 관련해서 '카페(3,183건)', '커피(2,094건)' 등의 연관어가 '어묵(1,300건)', '떡볶이(1,196건)', '떡(1,152건)', '튀김(1,135건)' 등 전통적인 먹거리에 비해 높은 비중을 차지해 젊은 세대들이 음식 탐방을 위해 전통시장을 자주 찾고 있으며 그들이 선호하는 먹거리 패턴도 변화하는 것을 알 수 있다.

전통 속에서 스토리와 체험꺼리를 만들어내고 행정당국과 협조하여 최첨단 IT, ICT, 빅데이터 분석 기술들과의 접목을 통한 끊임없는 '온고지신(溫故知新)' 노력만이 변화하는 트렌드 속에서 소비자의 마음을 사로잡고 훈훈한 사람의 온기가 살아있는 전통시장을 만들어 나갈 수 있을 것이다.

나랏돈 100% 활용팁 24
청년상인을 위한
전통시장 점포 입점 지원 제도

소상공인시장진흥공단(www.semas.or.kr)에서는 상인들의 세대교체 및 젊은 층 고객 유입을 위해 미래 전통시장을 이끌어 갈 청년상인 창업 지원 제도를 시행하고 있다. 이를 통해 전통시장의 변화와 혁신을 이루어 대형 유통채널에 밀리고 있는 전통시장이 활성화될 것으로 기대하고 있다.

지원대상은 〈전통시장 및 상점가 육성을 위한 특별법〉 제2조에서 정한 전통시장 및 상점가로서 시장 내 빈 점포를 활용하여 청년상인(만 39세 이하, 미성년자 제외) 육성을 희망하는 곳으로 시장당 10개 내외로 최소 5개 점포 이상 모집 시 가능하다.

청년 예비창업자는 창업에 필요한 기본교육, 창업절차, 세무·회계 교육 제공과 시장 내 빈점포를 활용하여 점포개선, 교육, 홍보, 마케팅 등 청년상인의 역량 강화 교육을 받을 수 있는 기회를 제공받고, 창업교육 결과 성적이 우수한 청년상인을 대상으로 정식 점포 입점 지원을 해준다. 지원 금액은 점포당 최대 1,700만 원 이내(점포면적 33㎡ 기준)이다. 세부 지원 내용은 소상공인시장진흥공단 사이트에서 확인할 수 있다. 사업기간이 다소 유동적이니 먼저 확인이 필요하다.

Keep Going!
그래도 계속 가라

청년 취업률이 좀처럼 개선되지 않고 있다. 일자리 창출을 위해 정부도 꾸준히 노력해왔다. 대표적으로 청년 내일 만들기 1차 프로젝트(2010년 10월), 발전을 위한 열린 고용 사회 구현 방안(2011년 9월), 선 취업 후 진학 및 열린 고용 강화 방안(2012년 7월), 청년 맞춤형 일자리 대책(2013년 12월, 직장 일자리 단계별 청년 고용 대책(2014년 4월), 능력 중심 사회 조성 방안(2014년 12월) 등이 그것이다. 그럼에도 불구하고 2015년 들어 발표되는 지표들을 보면 청년들에게 더 우울한 숫자들뿐이다. 2014년 9.2%이던 청년 실업률이 2015년 현재 11.1%로 치솟았는 데 반해 올 들어 대기업 신입사원 채용 규모는 10% 정도 하락할 것이라는 전망이다. 뒤이어 한국경제연구원은 우리 경제 성장률을 당초 3.7%에서

3.4%로 하향 발표했다. 이러한 하향세는 당분간 계속될 것이라는 분석도 함께 나왔다. 또 다른 우울한 소식도 함께 들린다. 2015년 3월 5일 런던에서 열린 월드포스트 미래노동위원회에서는 20년 이내에 로봇들이 미국 노동자의 일자리 중 절반 가까이를 차지할 것이라는 것이다. 앞으로 3차 대전이 일어난다면 그것은 로봇과의 일자리 쟁탈전이 될 것이라고 전망하는 과학자들도 있다. 관련 전문가들은 로봇 대체률이 가장 클 것으로 예상하는 국가 가운데 대한민국을 1순위에 두었다.

이쯤 되면 우리 모두 생각을 다르게 할 필요가 있다. 단기적으로 수백 대 일의 바늘구멍 같은 대기업과 공무원 지망에서 눈을 낮춰 중소·중견기업의 문을 두드리는 것도 한계가 있을 수밖에 없다. 마치 고갈된 사냥터에서 남은 먹잇감을 잡기 위해 더 나은 무기를 갖추고 줄을 서는 꼴이다. 그렇다면 이제 사냥터를 바꾸어야 할 때가 왔다. 취직이나 취업이 인생을 목표는 아니지 않은가?

그동안 수많은 청년들과 만나 취업과 미래에 대해 이야기기를 나누면서 나는 참 안타까웠다. 우리 대한민국의 청년들은 초등학교, 중학교, 고등학교, 대학교로 이어지는 출구 없는 도로를 전속력으로 달려와야 했다. 기성세대가 만들어놓은 20세기 성공 방정식에 의해 뒤를 돌아볼 수도, 옆으로 나갈 수도 없는 고속도로의 마지막 톨게이트를 통과하면 돈 잘 벌고 성공한 인생이 기다리고 있을 것이라는 기대감 하나만 믿고 달려왔다. 방황할 수 있는 기회를 주지 않았기에 새로운 길이 있는지 알 수 없었고, 새로운 길을 모르니 도전할 수 있는 기회가 없었고, 도전할 수 없으니 실패의 아픔을 경험할 수도 없었다. 길고 머나먼 인생길에서 청춘의 아픔이 여문 자리에 얼마나 단단한 근육이 자라는지를 알지 못한다. 그래서 우리 청년들은 다른 선택이 낯설고 두렵다. 그러나 인생은 톨게이트를 통과하면 목적지에 도달하는 고속도로가 아니다. 언제나 분주하고 복잡한 교차로이다. 그래서 어떤 사람은 신호가 잘 맞아 금세 지나가기도 하고, 또 어떤 사람은 다음 신호를 기다렸다가 가야 하기도 한다. 하지만 취업 교차로를 다른 사람보다 조금 빨리 통과했다고 다른 교차로도 빠르게 지날 수 있는 것은 아니다. 인생에서 교차로는 매순간 만나고, 그때마다 신호는 달라지기 때문이다.

나는 성공한 수많은 사람을 만났다. 그들은 하나같이 선택을 주저하지 않았고 실패에 익숙하다는 공통점이 있었다. 몇몇은 좋은 학교를 나와 좋은 직장에서 성장해 빛나는 CEO가 되기도 했지만 그런 사람은 지극히 소수에 불과했다. 대부분의 사람들은 취직이 안 된 정도를 넘어 절박한 상황을 경험한 사람들이었다. 한때의 실수로 대학 진학마저 할 수 없었고, 취업의 기회조차 갖지 못한 사람들도 많았다. 그래서 그들은 스스로 인생을 개척하기로 마음먹었다. 그들은 말한다. 힘든 상황이 오히려 자신을 더 강하게 만들어주었다고.

정도의 차이는 있겠지만 청년에게 주어진 인생의 관문은 비슷할 것이다. 우리 할아버지나 아버지들의 청년 시절 역시 혹독했다. 해방 후 대한민국은 일자리는커녕 먹을 것조차 없던 나라였다. 그런 상황에서 맨주먹으로 여기까지 온 부모와 선배들이 있다.

정부나 기성세대가 청년들의 일자리를 만들어줄 수 있을지는 몰라도 인생까지 만들어주지는 못한다. 인생은 스스로 개척해 나아가는 것이다. 인생이라는 산을 쉽게 정상을 정복한 사람은 단 한 사람도 없다. 우리 모두는 산 정상을 향해, 해돋이를 향해, 희망을 향해, 외면하고 싶을 만큼 두려운 현실에 용감하게 맞서 한 걸음 한 걸음 쉼 없이 갈 뿐이다. 그러니 취직이 안 되었다고 용기까지 잃지는 말자. 힘을 낼 수 있도록 나도 함께 가겠다.

창업 예비 단계 체크포인트

창업 예비 단계 체크포인트

1. 창업의 필수 요소

① 인적 자원

창업자를 위시해 생산, 판매, 일반 관리 등 기업 조직의 각 기능을 담당할 인력을 말한다. 창업을 하는 데 있어서는 창업을 주도적으로 계획하고 추진하며, 창업에 수반되는 모든 재정적 부담과 위험을 책임지는 창업자가 있어야 한다. 그리고 창업자를 도와 제품이나 서비스를 생산하고 판매하며, 기업의 일상 업무를 담당할 종업원이나 경영자들이 필요하다.

② 제품 아이디어

사업의 구체적인 아이디어를 말한다. 즉 창업을 통해 무엇을 할 것인가에 대한 사업 내용이다. 제품들은 충분한 시장 수요를 가져야 하는데, 시장 수요는 제품의 효용 가치가 제품의 가격보다 크다고 인식될 때 자연적으로 생겨난다. 이러한 제품 아이디어는 창업자의 상상력과 창조성, 그리고 창업에 동참하는 참여자들의 창조적 아이디어와 분석된 정보로 뒷받침된 조언 등 인적 요인에 의해 결정된다. 제품의 내용과 시장과의 관련성에 따라 다음과 같은 3가지 유형으로 분류한다.

A. 기존에 이미 존재하던 제품이나 용역을 생산해 기존 시장 및 새로운 시장에서 판매하는 경우

B. 이제까지 존재하지 않던 제품이나 용역을 신규로 생산해 새로운 시장에서 판매하는 경우

C. 기존의 생산자로부터 특정 제품이나 용역을 공급받아 독점적인 판매권을 획득해 판매만을 하는 경우

③ 자본

창업자가 기업을 설립하는 데 필요한 인력, 설비, 기술 등 경영 자원을 동원하는 데 이용되는 원천을 말한다.

2. 창업 과정

성공적인 창업을 위해서는 치밀한 사전 준비와 체계적 절차가 필요하다. 창업의 준비와 절차는 창업을 하는 동기와 창업의 형태, 그리고 창업 규모와 업종 등에 따라 차이가 있다.

① 업종 선정과 사업 아이템

창업을 하려면 먼저 업종 및 사업 아이템을 선정한 후 이에 대한 타당성 조사를 실시하고 사업 규모, 기업 형태, 창업 멤버와 조직 구성 등을 포함한 사업 계획을 수립해야 한다.

A. 업종 선정

생산 제품의 선정은 창업 절차 중 최우선적인 과제로 사업의 성공 여부를 결정적으로 가르는 가장 중요한 과정이다.

B. 시장성과 경쟁력

창업하려는 업종의 내수 및 수출 시장의 제품 수요가 꾸준하며 경쟁력이 있는지를 살펴보아야 한다. 특히 창업 업종의 국내외 경쟁 업체들의 동향과 대기업의 투자 가능성, 개발도상국의 추격 가능성에 대해서도 검토해야 한다.

C. 정부의 육성·보호 대상 업종

정부가 국내 산업 발전을 위해 중점 육성 대상으로 선정한 품목이나 보호 대상에 포함되어 있는 업종이면 유리하다. 예를 들면 기술 집약형 업종, 첨단 기술 업종, 국산화 개발 대상 품목, 중소기업 고유 업종 등에 해당하는지를 확인한다.

D. 초기 투자 부담이 비교적 적은 업종

창업 초기 규모나 투자, 조직 규모를 최소화할 수 있는 아이템으로 작고 실속 있는 업종을 선택한다. 과도한 초기 투자는 창업 초부터 경영 활동을 위축시킬 수 있다.

E. 업종 선정 시 고려 사항

- 성장 가능성이 있는가?
- 일시적인 유행에 그치는 분야인가?
- 실패의 위험이 적은가?
- 자신의 경험이나 전공을 활용할 수 있는가?
- 공장을 설립해야 하는가? 아니면 아웃소싱이 가능한가?
- 대기업이 참여하기 곤란한가?
- 자기 자본 규모에 적당한가?
- 수요와 시장성이 충분한가? 1~2년 내에 수요가 형성될 수 있는가?
- 투입 비용에 대비해 수익성은 높은가?

F. 아이템 선정 순서

- 창업하고자 하는 업종에 대한 정보 수집

- 기존 기업, 체험자 또는 종사자의 면담
- 사업 아이템에 대한 구체적 정보 수집 및 정밀 분석
- 사업 타당성 분석
- 최적 사업 아이템 선정

② **사업 타당성 분석 및 사업계획서 작성**

A. 사업 타당성 분석

선별된 창업 아이디어를 선택할 것인지 기각할 것인지를 최종적으로 결정하기 위해 사업 추진 능력, 시장성, 기술성, 경제성 등을 분석한다. 창업자가 사업 타당성 조사를 하는 것이 쉽지 않지만 이 조사를 철저하게 하지 못하면 사업에서 성공의 확률을 높일 수 없다. 객관적인 조사를 실시하고 판단해야 하며, 다시 한 번 재검토의 과정을 거쳐야 실패율을 줄일 수 있다.

창업자가 할 수 있는 사업 타당성 분석을 위한 자료 조사는 다음과 같다.

- **면담** 구상하는 사업 아이디어에 대한 제3자의 견해를 듣는 것을 말한다. 구체적인 정보를 얻을 수 있도록 미리 준비하고 면담 결과를 기록한다. 비판적인 견해와 낙관적인 견해 모두가 유용한 것이 될 수 있다.
- **경험** 조사를 통해 어느 정도의 지식이 갖추어지면 동종 업종의 현장에서 직접 경험 또는 견학을 통해 자료를 수집하고 면담을 통해 수집

한 자료를 보완해야 한다.

• **간행물 및 인터넷** 정부의 보고서, 협회의 간행물, 창업 유관 기관의 간행물, 관계 전문 잡지, 사업성 분석의 전문 서적 등을 참고하되 최근 인터넷에 각종 정보가 수록되어 서비스되고 있으므로 인터넷 검색을 통한 자료 수집도 필요하다.

B. 사업계획서 작성

창업자가 투자에 관한 의사 결정을 하는 데 인용되는 기본적인 자료로써 사업성 검토를 토대로 수립되어야 한다. 사업계획서는 창업 초기의 업무 계획으로서 사업의 성공 가능성을 미리 점검할 수 있으며, 창업 시 외부에서 투자자를 영입하거나 창업 투자회사의 투자를 받아야 할 경우에 꼭 필요한 자료이므로 신뢰성과 실현 가능성이 있도록 작성되어야 한다.

사업 계획 수립 이후부터 예비 창업자가 직접 사업 계획을 실행에 옮기는 단계다. 즉 해당 업종을 담당하는 관청에서 사업의 인허가를 받아야 하고 해당 관청에 사업자 등록 또는 법인 설립 등기를 하는 단계이다.

C. 사업의 규모 결정

창업자 자신이 충분히 감당할 수 있는 것이어야 한다.

• **창업자의 자금 조달 능력** 자금 조달 능력이 결국은 사업 규모를 결정하는 핵심 요소이다. 사업 규모를 자기 자금 조달 능력의 2분의 1 규모로 축소해야 창업 이후에 발생하는 긴급 자금의 수요 또는 운전 자금의 유

동성 확보 등의 모든 상황에 대처할 수 있다.

· 업종에 따른 사업 규모와 동종 업계의 평균 자본 규모를 파악해야 한다. 창업과 관련된 사업 분야는 산업 분류표상 크게 제조업, 광업, 건설·운수·창고·통신업, 도·소매업, 서비스업으로 분류된다. 일반적으로 제조업이 가장 큰 자금 규모를 요구하며, 소매업과 서비스업은 작은 규모로도 시작할 수 있다. 무엇보다도 사업 규모 결정에 있어 경쟁 회사를 정확히 분석해 적어도 그 경쟁 회사보다는 더 좋은 시설과 인력을 갖출 수 있어야 유리하다.

· 취급하는 제품과 상품을 고려해 많은 시설 투자가 필요한 설비 산업인 경우와 좁은 공간에 기계 몇 대만 설치하고서도 영위할 수 있는 사업도 있기 때문이다.

③ 회사 설립 및 사업자 등록

기업의 창업은 기업을 신설하는 방법, 기존 기업을 인수하거나 합병하는 방법, 특정 제품을 생산하는 업체와 계약해 그 제품을 독점적으로 판매하는 대리점을 개설하는 방법 등으로 다양하다. 창업 방법이 확정되면, 기업 형태별 장단점을 조사하고 계획 중인 사업의 규모를 참작해 어떤 기업 형태로 회사를 설립하는 것이 가장 유리한지를 판단해 결정해야 한다.

기업 경영의 책임을 경영주가 모두 감당하면서 영업, 자금 조달, 종업원 관리, 생산관리 등 기업 전반에 걸쳐 만능 경영을 해야 하는 개인기업 형태의 창업을 할 것인지, 조직을 갖추어서 회사 업무의 대부분을 능력 있는 종업원에게 분담시켜 전체를 통괄하는 법인 형태로 창업을 할 것인지를 먼저 결정한다. 창업의 업종 선정과 타당성이 입증된 아이디어가 사업 활동으로 이어지기 위해서는 해당 관청에서 법적인 인허가를 취득해야 하는데, 개인기업이나 법인 기업 형태로 사업 주체를 결정해 사업자 등록이나 법인 설립 등기를 해야 한다.

④ 사업 개시 및 기타 행정 절차

회사 설립이 마무리되면 창업에 관련된 행정 절차를 끝내야 한다.

필요한 행정 절차로는 부동산 등기, 취업 규칙 신고, 사업장 설치 계획 신고, 산업재해 보험 관계 성립 및 의료보험 조합 관련 신고 등이 있다.

사업 개시 절차 및 개업 준비는 창업의 마지막 단계다. 회사 설립, 공장 건축 및 생산 설비 설치가 완료됨으로써 회사의 골격이 갖추어지게 된다. 창업할 기업을 어떻게 운영할 것인가가 바로 개업 준비 절차에서 이행되어야 한다.

창업 예비 단계 창업 관련 교육

1. 창업진흥원(www.kised.or.kr)

정부 산하기관 창업진흥원은 신규 창업자에게 창업 교육 지원, 창업 자원 개발, 창업 촉진 인프라 등을 제공한다.

① 창업 준비 단계 지원

A. 기술 창업 아카데미

B. 청소년 비즈쿨 지원 사업

C. 창업 대학원 운영 지원

D. 앱APP 전문 기업 육성 사업

E. 청년 창업 인턴제 등

② 창업 실행 단계 지원

A. 예비 기술 창업자 육성 사업

B. 선도 벤처 연계 기술 창업 사업

C. 청년 선도 대학 육성 사업

D. 청년창업사관학교 등

③ 성장 촉진 단계 지원

A. 대한민국 벤처 창업 대전 등

2. 서울특별시 창업스쿨(www.school.seoul.kr)

서울시 창업스쿨	온라인	일반 과정	55개 과정	2~5시간 내외	인원 제한 없음	무료	온라인 (제한 없음)
서울시 창업스쿨	오프라인	전문 과정	8개 과정	100시간 내외	과정당 40명	20만 원	온라인 (신청서 심사를 통한 교육생 선정)
소상공인 창업 아카데미	온라인	기본 과정	10개 과정	20시간 내외	인원 제한 없음	무료	온라인 (제한 없음)
소상공인 창업 아카데미	오프라인	단기 과정	단기 개설	12~16시간 내외	–	무료	온라인 (선착순 모집)

3. 창업넷(www.changupnet.go.kr)

① 창업 아카데미

대학 창업 강좌 및 동아리 육성, 네트워크 활성화를 통해 대학생 창업 인식을 전환시키고, 집중형 실전 창업 교육으로 경쟁력 있는 예비 창업 자를 육성한다.

② YES 리더스 특강

기업가 정신을 실천한 리더들의 경험과 열정을 다양한 주제별 특강으로 전수해 청년층의 도전 의식 및 창업 마인드를 함양시키는 사업이다.

1,000만 청년 멘토 신용한의
대한민국 취업 뽀개기

초판 1쇄 인쇄   2018년 4월 10일
초판 1쇄 발행   2018년 4월 15일

지은이   신용한
펴낸이   신민식

편집인   최연순

펴낸곳   가디언
출판등록   2010년 4월 27일

주소   서울시 마포구 토정로 222 한국출판콘텐츠센터 319호
전화   02-332-4103(마케팅) 02-332-4104(편집실)
팩스   02-332-4111
홈페이지   www.sirubooks.com
이메일   gadian7@naver.com

인쇄·제본   (주)현문자현

ISBN 978-89-94909-00-4 03320

「이 도서의 국립중앙도서관 출판시도서목록(CIP)은 서지정보유통지원시스템 홈페이지(http://seoji.nl.go.kr)와 국가자료공동목록시스템
(http://www.nl.go.kr/kolisnet)에서 이용하실 수 있습니다.(CIP제어번호: CIP2018006426)」

✱ 이 책은 《대한민국 청년 일자리 프로젝트》의 개정판입니다.